우듬지에 피어나는 작은 날들

우듬지에 피어나는 작은 날들

김용권 수필집

신아출판사

책을 펴내며

소중하게 다듬은 마음을 세상밖에

흐릿했던 기억의 소상을 오늘의 삶 고리에 끼워 넣어 보았다. 생각해보니, 글을 제대로 써본 적이 없는 것 같다. 아니 없었다. 다른 사람들은 펜팔 한다고 자랑도 하고, 누구는 시를 써서 어깨에 잔뜩 힘도 잘 주던데, 나에게는 그러한 재능이라곤 하나도 없었다. 그뿐이랴. 책도 전공 서적과 기본적인 책 정도만 접했을 뿐이다.

그렇지만 이것만은 수첩에 분명하게 기록해 두었다. 오늘의 느낌은 꼬박 또박 기록하는 습성은 있었다. 그나마 몇 자 적어둔 일상들이다. 이것을 들여다보면 지나친 일들이 스멀스멀 되살아나곤 했다. 이러한 버릇으로 인해 직장 윗분들에게는 기억력이 좋은 친구로 여겨지곤 했다.

글을 짓고 있는 지금, 글감이 떠오르지 않을 때 옛날 옛적 이야기를 뒤적이며 더 많이 기록해 놓았더라면, 하는 아쉬움도 남는다. 병원생활을 하면서 수많은 사람들의 아름다움과 추담, 웃음과 비통, 희망과 절망 등 웃고픈 느낌을 더 많이 피력했더라면 하는 마음이 가득하다.

어느 날 아침 핸드폰이 날 부른다. 지인의 목소리가 들렸다. "오늘 뭣 하시남!" "나와 함께 어디 좀 가봄세" 따라나선 길이 두루미 수필교실이었다.

여러 해를 느낌대로, 때로는 원고 마감의 압박감 속에서도, 호수에서 피어나는 안개와 윤슬 빛을 한 아름 안으며 날개를 접었다, 펼쳤다 하기를 반복한 끝에 오늘이 굳게 새겨졌다.

깜깜한 밤하늘 창밖 저 높은 곳 비행기 깜박임을 바라보며 순간의 생각과 감정을 표현하였던 날들이 제법, 비틀거리고 흐릿한 글이 쌓이고 쌓였다. 소중하게 다듬은 마음을 세상밖에 내보이자고 다짐했건만 마음 한곳 두려움이 앞선다. 나름 정성을 다한다고 했지만, 흐트러진 글로 다른 사람들의 귀중하고 소중한 시간을 빼앗는 무례를 범하는 것은 아닐까, 조심스럽다.

긴 시간 동안 얽히고설킨 글 타래를 풀어주신 두루미님, 전일환 교수님, 이원희 교수님, 그리고 수요반에서 마음을 통째로 다듬이질한 문우 여러분께 깊은 감사의 마음을 전한다. 글을 쓰는 과정에서 "이렇게 하면 어떨까" 따뜻한 조언과 힘을 모아준 아내와 가족들에게도 진심 고마움을 표한다.

여러 해 동안 신아와 맺은 인연은, 내게 부족함을 채워주는 소중한 존재였다. 신아출판사 서정환 회장님을 비롯한 모든 분께, 나의 마음과 삶을 풍요롭게 해주신 깊은 감사의 마음을 두 손 가득히 전한다. 오늘, 이 순간을 함께 해주신 것에 대해 진심으로 감사드립니다.

2024. 가을에
牧村 김용권

차례

책을 펴내며

1
삶의 시간 속 여행

10　시골집 속삭임
15　이사 가는 날
20　면민의 날 단상斷想
24　늘 푸른 소나무
28　삶의 시간 속 여행
32　천렵川獵
37　추억의 '새벽 송'
43　폭설과 휴가길

2
갈릴리호수와 태극기

48　영하의 날씨와 물
53　비비정飛飛亭 해넘이
58　적벽赤壁 나들이
63　갈릴리 호수와 태극기
68　대마도 여행길
76　울릉도와 독도를 다녀와서
81　성못길 즐거움

3
나눔과 사랑

- 86 보람과 즐거움
- 91 나눔과 사랑
- 95 응원과 함성
- 99 의료봉사의 의미
- 103 멈춤 없는 손길
- 107 맑은 눈망울들
- 112 충분한 오늘
- 119 아버지학교

4
다시, 밝은 세상

- 126 다시 본 '미나리'
- 130 매운맛 그리고 인연
- 133 친구와 마지막 포옹
- 137 314호
- 141 오늘의 시대적 욕구
- 145 다시, 밝은 세상
- 149 트로트와 코로나-19
- 154 잔고마비殘高馬肥의 계절

5
눈웃음 짓는 쉼표

158 진버들 동창생
164 그는 내 친구
168 나를 목사라 부르는 사람
172 늦게 배운 보람
176 눈웃음 짓는 쉼표
182 뜻밖의 행운
187 책과 씨름하며 도전했노라고

6
꼰대의 사명

194 맥을 잇는 여인
198 전북 현대축구여, 영원하라
203 꼭두새벽
208 꼰대의 사명
212 살며시 다가온 그리움
219 내 고향
223 아직도 그대는 내 사랑, 솟대

|작품 해설|
230 아련한 내고향 심연같은 목행의 수필세계 - 전일환(수필가, 국문학자)

1
삶의 시간 속 여행

●

시편 143:8

"아침에 주의 인자하심을 듣게 하소서. 내가 주를 의뢰하나이다.
나의 길을 가르치소서. 내가 내 영혼을 주께 향하게 하리 이다."

시골집 속삭임

요즘, 온 산하가 꽃들의 축제로 화려하게 물들어가는 시골집의 꽃들이 나를 초대하며 오늘도 숨 가쁘게 돌계단을 오른다. 딱따구리의 나무 두드리는 리듬과 이름 모를 풀꽃들의 속삭임이 귓가에 메아리친다. 물감을 흩뿌린 듯 온 세상은 파스텔풍 수채화로 재탄생하고서 아름다움을 뽐내고 있다.

마당 한편 작은 연못은 올챙이들의 천국이다. 올챙이들은 고요한 물가에서 서로의 존재를 확인하며, 한 때를 기다린다. 그리고 때가 되면, 개구리로 변신하여 튀밥처럼 톡톡 튀어 오르며 새로운 세상으로 나아가겠지?

봄빛 듬뿍 먹음은 노란 수선화가 바위틈에서 숨바꼭질하듯 나에게 다가와 고개를 흔들며 반긴다. 잔디 마당에

서 행복한 바람은 봄의 예고편처럼 눈꽃을 쏟아낸다. 앵두
나무 꽃잎이 손짓한다. 이 모든 것이 봄이 선사하는 선물
이지 싶다. 열여섯의 봄, 한 소녀가 처음 맞이하는 사랑의
설렘이 마음속에서 싹트는 순간처럼, 그 설렘을 가득 안고
봄을 맞이하고 있다.

  짧은 순간을 방해하는 녀석들이 있다. 바로 앙증맞은 다
람쥐들이다. 그들이 이곳저곳 바위틈에서 작은 몸짓으로
반기는 듯 손짓을 한다. 하얗게 빛나는 목련꽃에는 노랑
나비 한 쌍이 꽃향기에 취해 비틀거리고, 검붉은 목련꽃
은 숫처녀의 수줍은 가슴처럼 몽우리가 생겼다. 쑥을 뜯다
보니 할미꽃이 여기도 쑥이 있다며 수줍은 듯 고개를 숙인
다. 하늘하늘한 제비꽃들은 클로버와 옷 자랑을 하며 봄
멋을 뽐낸다.

  산자락은 병풍처럼 두르고 아지랑이는 아기 솜털처럼
살포시 마음을 어른다. 소박한 산 꽃들은 이미 봄 속에 자
리 잡고, 온 세상은 따스한 봄기운으로 가득 차 있다. 오늘
밤, 이 아름다운 순간들을 맞이하여, 예서 보내야겠다.

  아침 햇살을 받은 호수에는 새벽부터 물고기가 첨벙첨벙
소리를 내며 뛰놀고, 물안개는 저만치 고개를 길게 뻗으며
느리게 지나간다. 아직도 뜰 안에 하얀 서리가 발끝을 움

츠리게 하고, 감나무 끝 가지에는 박새 한 마리가 잠시 반기고 날아간다. 친구가 카톡으로 보낸 캐논 변주곡을 들으며 마시는 커피 한 잔의 여유, 이곳에서 이렇게 지내고 싶은 고요한 아침 풍경이다.

식후 이웃이 갖다준 맹감나무 뿌리를 다듬었다. 어느덧 수북하다. 어찌 이리도 못난 놈들만 있을까? 생김새도 요란하고 삐뚤빼뚤하다. 이런 놈들이 몸 건강을 지켜준다니, 더욱 열심히 손질했다. 그런데 아주 못난 놈이 더러 있다. 그중에 한 녀석을 골랐다. 울퉁불퉁 아주 재미있게 생긴 놈이다. 이놈을 어떻게 할까? 이리저리 살펴보니 꼭 도깨비 방망이 형상이다. 이놈을 칼로 다듬고 사포 손질을 하며 살살 만져주었더니 모양새가 영락없는 효자 도깨비가 되었다. 지나칠 뻔한 것에 사랑을 보태주니 저도 예를 갖춘다.

요즘은 자전거로 좀 멀리 다닌다. 아침과 저녁에 자전거를 타고 이 동네, 저 동네를 돌아보는 길을 만들었다. 어느덧 해는 호수에 떠밀려 저만치 모퉁이를 돌아 넘어간다. 들녘에는 아직도 일을 하는 농부들이 눈에 띈다. 이른 아침부터 이 시간까지 쉼 없이 일하고 있는 듯하다. 아마 저 농부들은 정해놓은 시간 없이 일을 하는 성싶다. 농부들의 일과가 안쓰럽다. 농부들은 퇴근 시간도 없다. 요즘 대통령 선거철인지라 그야말로 야단법석이다. 상대방을 헐뜯고, 생트집과 욕설과 아귀다툼하는 정치인들에게 늦은 밤까지 일하는 저 농부들의 퇴근 시간 법제화를 권유하면 들어 줄까?

고요함을 깨고 한 아낙의 높은 목소리가 자전거 바큇살에 부딪히며 귓전을 울린다. 무엇인지 서로 의견이 맞지 않는 듯싶다. 연거푸 큰 소리가 날 즈음 내 시선은 그 소리를 좇는다. 나는 한 남자를 힐끗 쳐다보았다. 세월의 때가 잔뜩 묻은 쭈글쭈글한 모습이다. 그도 나를 쳐다봤다. 그리고 아무 일 없다는 듯이 일을 하고 있다. 아니 이 늦은 시간까지 여자를 밭머리에 붙들어 놓고 일을 시키면서 큰 소리치다니? 저 사내는 완전히 간덩이가 배 밖으로 튀어나왔나 보다. 나 혼자 흥분해서 자전거 페달을 힘차게 밟으며 지나칠 수밖에 없었다.

저쪽 산모퉁이까지 갔다가 돌아오는 데도 그들은 여전히 일을 하고 있다. 농기계는 돌아가고, 남자는 한 짐 짊어졌다. 또 한 여인이 허리를 굽히고 열심히 일을 한다. 열심히 하는 것을 누가 탓하랴만, 쉼 없이 일하는 모습이 안타깝다. 마을 쪽 모퉁이를 돌아서니 그 여인이 저만치 걸어가고 있다. 몸과 맘이 제멋대로인 힘없는 걸음걸이다. 얼마나 힘 들까? 얼마나 서러울까? 길가의 가로등마저 모든 것을 알고 있는 듯 고개를 숙이고 있어 그 여인의 안색을 살필 수 없었다.

시골에서 보내는 시간은 느릿하고 도시보다 더 길다. 뜰에 나가 보니 어둠 속에 빛나는 별들이 까만 도화지 위에 촘촘히 박혀 반딧불처럼 반짝인다. 어수선한 세상을 다 삼킨 듯 너무나도 고요한 시골의 밤이다. 간간이 가로등 불만 물맞이한다. 토성처럼 구름 띠를 두른 둥근달이 호수에 잠겼다. 달빛 따라 걷다 보니 낮에 보았던 진돗개가 어느 틈에 다가와 같이 가자고 앞장서서 꼬리를 흔든다. 진돗개와 동행하며 외롭지 않게 산책하는데 이른 저녁에 보았던 아낙의 모습이 떠오른다. 그 아낙에게 평안과 위로가 있기를 바란다.

이사 가는 날

오늘은 이사하는 날이다. 아침 햇볕이 예사롭지 않은 것으로 보아 오늘도 무더위가 예상된다. 상자에 짐을 싸 놓은 아침 거실 풍경은 그동안 삶을 담은 인생의 꾸러미들로 가득 차 있었다. 우리나라 국민 7~80%가 2, 4년마다 이사를 한다고 한다. 결혼 이후 나도 서너 번 이사했지만, 이번에는 28년 만에 거처를 옮기게 되었다.

그동안 꿈꾸어왔던 전원생활을 위해 시골에 집을 마련했다. 큰 아파트에서 작은 규모의 시골집으로 가는 이사인지라, 편안한 마음은 아니었다. 대 자연의 품속에서 새로운 삶을 찾고, 인생의 후반을 한적하고 넓은 들녘에서 펼쳐보려 한다. 공기가 맑은 호숫가의 생활을 상상하니, 내일의 삶이 벌써부터 즐거워지는 것만 같았다. 저 멀리 펼쳐지는 산봉우리가 가득한 풍경은 어느덧 시골집에 다다른 것을 알리며, '지금부터 시골 삶의 시작인가?' 라는 생각이 들었다.

짐을 꾸릴 때는 몰랐는데 수많은 짐들을 풀어놓고 보니 온갖 물건이 잡동사니로 가득했다. 아이들이 가지고 놀던 손때 묻은 장난감, 주방용품, 고물건, 사용하지 않은 물건들이 가득했다. 특히, 아이들을 키우면서 사용했던 물건이 너무도 많았다. 이번에 버리자고 했더니 아내는 버릴 생각이 없는 듯 아무 말이 없었다. 아마도 아이들을 기르면서 쏟아 부은 사랑을 고스란히 지켜주고 싶은 엄마의 마음인 것 같다. 가지고는 왔지만 작은 집인지라 보관하기가 난감했다.

또 다른 것도 눈에 밟힌다. 아내가 입었던 분홍색 한복이다. 아내가 이 한복을 보고 옛 생각이 나는지 내게 물었다. "당신은 내가 이 한복을 어느 때 입었는지 생각나요?" "잠깐만! 그것은 우리 약혼식 날 입었던 한복 아니야? 그때 한복을 입은 당신의 모습이 이 세상에서 제일 아름답고, 고왔지."

아내의 보조개가 더욱 깊어졌다. 잠시 생각에 잠길 틈도 없이 이마의 땀방울들을 훔치며 노래가 흥얼거려진다.

당신의 웨딩드레스는 정말 아름다웠소.
춤추는 웨딩드레스는 더욱 아름다웠소.
우리가 울었던 지난날은
이제 와 생각하니 사랑이었소….

짐을 정리하다 보니, 아이들 장난감, 수많은 책, 허름한 사진첩, 유행이 지난 옷들, 전기 전자 제품, 주방용품, 그리고 고물건, 대종보까지, 그동안 잊고 있었던 물건들이 새것처럼 눈에 띄었다. 쏠쏠한 재미가 느껴지며, 마치 오래된 기억의 조각들을 떠올리는 듯한 기분이 들었다. 소규모의 작은 생활전시관에 온 듯한 착각마저 일었다. 그러나 한숨이 저절로 나왔다. 이제 이 모든 것들과 이별해야 하는 걸까? 어느 것 하나 버릴 것이 없어 보인다. 이 물건들은 우리 가정을 지켜주었고, 가족들을 세상으로부터 일깨워주던 소중한 존재이었기에, 씁쓸한 감정이 마음속에 스며들었다.

이른 새벽, 물안개 속에 흐릿하게 드러난 산마루의 노송은 지금 무슨 생각을 하고 있을까. 그동안 숨 가쁘게 살아온 우리의 지난날들을 되돌아보았다. 수많은 사람들과의 만남 속에서, 때로는 불편하고 어색했던 관계들을 호수 위에 던져보곤 했다.

이제 모든 것을 뒤로하고, 내면의 깊숙한 양심을 살찌우고 싶다. 깊은 호수처럼 고요하게, 서로의 마음을 함께하고 싶은 간절한 마음이 스며든다.

무더위 속에서도 자신을 지키는 온갖 들꽃들과 제멋대로 기울어진 나무들, 그리고 다양한 새들이 어우러져 자연을 벗 삼아 살아가는 아름다운 삶. 물아일체物我一體의 경지에서, 눈앞에 펼쳐진 아름다운 산하를 바라보며 자연의 섭리를 인생 후반의 조언자로 여기며 살아가고 싶다. 우리 가족은 물론, 알게 모르게 나를 지켜봐 주고 끊임없이 배움의 길로 인도해 준 아름다운 자연에 감사의 마음을 전하고 싶다. 그 속에서 깨우침을 얻으며, 모든 이들에게 고마움을 느끼는 삶을 이어가고자 한다.

* 웨딩드레스

작사: 이희우 작곡: 정풍송 노래: 한상일

당신의 웨딩드레~스는 정말 아름다웠소/ 춤추는 웨딩드레스는 더욱 아름다웠소/ 우리가 울었던 지~난 날은/ 이제와 생각하니 사랑이었소/ 우리가 미워한 지~난 날도/ 이제와 생각하니 사랑이었소/ 당신의 웨딩드레~스는 눈빛 순결이었소/ 잠자는 웨딩드레스는 레몬 향기였다오/ 당신의 웨딩드레~스는 정말 아름다웠소/ 춤추는 웨딩드레스는 더욱 아름다웠소/ 우리를 울렸던 비~바람은/ 이제와 생각하니 사랑이었소/ 우리를 울렸던 눈~보라도/ 이제와 생각하니 사랑이었소/ 당신의 웨딩드레~스는 눈빛 순결이었소/ 잠자는 웨딩드레스는 레몬 향기였다오/

이사기는 날

면민의 날 단상斷想

맑고 푸른 하늘에 미세먼지 하나 없는 맑은 아침이다. 호수에는 물오리 떼가 수면을 가르며 물그림자를 그리며 간다. 저 멀리 보이는 산야는 온통 연초록으로 물들어 산벚꽃이 아름답게 산자락을 수놓으며 옥정호 푸른 수면과 잘 어우러진다. 이 광경은 어느 아침보다 눈과 마음을 즐겁게 한다.

정읍 산내면은 다른 지역보다 이른 봄철에 일찍 면민의 날을 제정하여, 농사가 본격적으로 시작하기 전에 면민 화합과 이웃을 사랑하고 배려하는 마음에 체육행사를 갖는다. 매년 열리는 행사지만 어느 해보다 날씨가 쾌청하여 능교초등학교 주변이 온갖 꽃들이 만개하여 행사 분위기가 절로 흥겹고 즐겁다. 행사가 본격적으로 시작하기 전에 어린이들을 위한 훌라후프 돌리기 게임이 진행되었다. 어느 해보다 어린이들이 많이 참석하였고 아이들의 훌라후프 돌리는 모습에서 산내면의 미래가 엿보였다.

한 앙증맞은 아이는 언니 오빠의 훌라후프게임을 보고 엄마가 잡아주는 훌라후프 속에서 자기가 빙빙 돌아가며 언니들과 견주는 모습이 많은 사람들에게 웃음과 신선함을 주는 모양새가 참 아름답고 귀여워 보였다. 또한 O, X 게임에서 산내면이 몇 개의 마을로 구성되었느냐는 사회자의 재치 있는 게임 진행으로 나도 간접적이나마 산내면의 마을이 23개 마을로 구성되었다는 것을 알 수 있었다.

연이어 각종 게임이 펼쳐졌다. 투호, 고리 걸기, 윷놀이, 새끼꼬기 등 다채로운 전통 놀이가 펼쳐지는데 한편에서는 환호, 탄식, 아쉬움으로 엇갈린 승부가 보였다. 우리 마을은 아쉽게도 응원이 펼쳐지기도 전에 일찌감치 예선에서 패하고 말았다. 게임이 어느 정도 진행되면서 행사의 개회를 알리며 그동안 지역 발전에 기여한 분들을 표창한 뒤 내빈을 소개하는데 정치권 인사들이 한몫했다.

얼마 전 지역 조합장 선거를 치르고 난 뒤라 새로 선출된 조합장이 마을마다 방문하며 인사를 하는 것은 이해가 갔지만 그 외의 정치권 인사들은 달갑게 보이지 않았다. 나만의 생각일까?

능교초등학교 운동장에는 산내면 마을마다 천막이 가득 설치되었고, 하늘에는 오색 깃발과 만국기가 춤을 추며 개회 선언과 동시에 축포가 터졌다. 주변의 벚꽃나무도 흥겨워 일시에 꽃보라를 흩날리며, 주민과 아이들까지 탄성을 쏟아낸다.

여기저기서 연신 카메라 셔터를 누르는 모습이 프로 사진작가 못지않은 순간의 포착들이다. 점심시간이 되자 마을마다 다채로운 메뉴를 준비했는데 우리 마을이 준비한 식사는 향기가 남다른 맛있는 카레밥이었다. 넓은 운동장에서 울려 퍼지는 함성 못지않게 맛있는 향내가 시장기를 북돋워 준다. 이 즐거운 분위기에서 준비하고 수고하신 분들에게 감사의 찬사를 보내고 싶다.

이어 초청 가수 출연과 웃음을 주는 여자 품바가 좌중을 사로잡았다. 풍물과 사물놀이가 잘도 돌아가고, 이어서 마을 주민이 참여하는 노래자랑이 펼쳐졌다. 구성지게 행사를 진행하는 사회자의 말솜씨와 출연하는 주민들의 노랫소리가 구성지게 울려 퍼졌다. 중간마다 행운권 추첨도 빠질 수 없는 행사였다. 행사장에는 고급 상품과 덩치 큰 물품이 전시되어 있었는데, 이를 향한 집중도가 높아 환호와 부러움 속에 당첨자는 입이 귀에 걸린 모습을 보인다.

우리 마을 한 주부는 젊음을 발산하여 훌라후프 게임에서 마지막까지 살아남아서 이쁜 자전거를 상품으로 받아 부러움을 샀다. 어느덧 행사의 끝이 보였다. 종합점수가 발표되고 우승 마을의 이장은 우승 축하 깃발을 흔들며, 승리를 자축하는 모습에 산내면 주민들의 따뜻한 박수가 운동장 열기 못지않았다. 이렇게 봄에 펼쳐지는 면민의 날이 끝나고 나면 머지않아 가을 구절초 꽃 잔치가 펼쳐진다.

그 행사 때 많은 사람이 산내면을 찾아오도록 하자는 안내를 한다. 가을에 다시 한번 주민들의 단합된 모습을 온 천지에 펼쳐 보이자는 다짐을 한 후, 2019년 한 해도 품질 좋은 농산물이 생산되길 기원한다며 막을 내렸다.

늘 푸른 소나무

한민족의 수호신이며 생명수로 여기지는 전통적인 나무로 단연 소나무를 으뜸으로 친다. 강인한 생명력을 지닌 소나무는 사계절 내내 우리나라 정원뿐만 아니라 공원, 산책로 등 다양한 공간을 더욱 아름답게 만들어주는 중요한 역할을 한다. 이러한 소나무는 단순히 자연의 아름다움을 더하는 것을 넘어서, 그 존재만으로도 사람들에게 평온과 안정감을 선사한다. 소나무 푸른 잎이 사계절 변함없이 우리 곁을 지키는 모습은 마치 변치 않는 신념과 의지를 상기시키며, 일상 속에서 큰 위안을 준다. 특히 애국가 2절에 나오는 "남산 위에 저 소나무….''라는 구절은 소나무가 단순한 자연물이 아닌, 대한민국 사람들의 불변하는 충절과 의지를 상징하는 중요한 이미지임을 보여준다. 이 구절을 통해 소나무는 국민의 마음속에 깊이 자리 잡으며, 우리의 정체성과 역사를 함께하는 상징적인 존재로 자리매김하게 되었다. 그렇기 때문에 소나무는 단순한 자연의 아름다움을 넘어서서, 대한민국의 정신과도 같은 존재로 여겨지며, 우리 모두에게 큰 자긍심을 안겨주고 있다. 이처럼 변함없이 푸르른 소나무는 우리나라의 자연뿐만 아니라 문화와 역사에 있어서도 깊은 의미를 지니고 있다.

지난해 초여름 나무 심기에는 조금 늦은 시기에 멋진 소나무 두 그루를 심었다. 그러나 너무 빠르게 여름이 시작된 날씨에 심은 나무가 제대로 활착될지 의문이 들었다. 소나무는 줄기 밑에서 많은 가지가 갈라지는 수려한 반송이었기에 더욱 정성을 쏟았다. 너무 관심을 준 탓일까? 아니면 나무 심기 적기가 아니어서 그런지 그만 고사하고 말았다.

그 후, 지인으로부터 집 구조에 맞는 적절한 위치에 소나무를 심기 위한 구덩이를 파놓으라는 연락을 받았다. 그러나 토질이 돌이 많은 지형이라 8곳의 구덩이를 파는 일이 쉽지 않았다. 다른 사람이면 반나절이면 끝날 일이었지만, 나는 며칠이 걸렸다. 봄비가 온다는 예보가 있으니, 아침 일찍 나무를 심자는 연락이 왔다.

잠시 후 작업 차량이 도착했다. 나무 심기에 적당할 정도로 부슬부슬 비도 오고 있었다. 크레인을 이용하여 소나무를 파놓은 구덩이에 안착을 하는데 인부들은 이런 비쯤은 아랑곳하지 않고 나무를 순식간에 심어 놓고 관리를 잘하라며 다음 작업 일정으로 서둘러 떠났다. 나무 관리 요령을 지시받은 대로, 심어놓은 나무 주변을 마사토로 마무리하고 물을 듬뿍 주며, 이번에는 모두 무사히 뿌리내리기 위하여 정성을 다했다.

지인으로부터 소나무들을 받은 것이다. 이 분은 전원생활을 동경하는 분으로서 본인이 보유하고 있는 것을 필요한 곳에 심었을 뿐이라며 나눔의 기쁨을 행하는 분이다. '권세와 명예와 물질은 나누면 감소하지만, 그러나 나누면 나눌수록 배가(倍加)되는것이 란다. 그것은 기쁨과 즐거움이요, 평화와 사랑이다. 따라서 기쁨과 즐거움, 평화 등은 혼자 누릴 것이 아니라 언제나 나누면서 함께 누리는 것이라고 하였다.

인간의 본성은 결코 물욕에 있는 것이 아니라, 나눔과 사랑에 있다. 이렇듯 나눔의 사랑과 즐거움을 아는 사람이야말로 보람 있는 인생의 참 가치를 누릴 줄 아는 사람이 아닌가 생각해본다. 지인의 마음 나눔이 고마울 뿐더러, 마음속에 깊은 울림이 전해져 왔다. 아직은 이른 철인지라 집 주변이 앙상한 나무들만 있지만 몇 그루의 소나무를 집 안 곳곳에 심어놓고 보니 한층 집이 돋보였다.

보름 뒤 소독과 마무리 다듬기를 하기로 하고, 소나무 심기를 마무리했다. 많은 관심을 받은 소나무가 생동감을 찾고, 소나무 주변의 화목들과 잘 어우러질 때 나누어준 지인뿐 아니라 이곳을 방문하는 모든 사람에게 아름다운 집, 기분 좋은 장소로 기억될 것이다. 비오는 아침부터 나무 심기에 수고를 아끼지 않은 지인과 관계자 여러분들에게 감사드린다.

삶의 시간 속 여행

소리 한 점 들리지 않고, 세상 모든 것을 분간 못 하게 안개에 휩싸였다. 잠깐이나마 머털도사가 사는 전설 속 마을에 온 순간이다. 옛날 사람들이 말하길, 아침 안개가 짙게 드리우면 그날의 날씨는 맑고 화창하다고 했던 것처럼 사방이 안개 속이다. 동쪽 하늘이 조심스레 빛을 비추기 시작하자 슬그머니 산기슭을 오르는 안개 꼬리가 하늘과 손을 맞잡는다.

반짝이는 수면 위에는 물오리 떼가 물그림자를 새기며 물길 따라 미끄러진다. 오늘의 일기예보는 해와 구름이 어깨를 나란히 한다는 소식이다.

산과 들녘의 화사한 꽃들은 세상일들을 아는지 모르는지, 어김없이 벌과 나비를 부르고 있다. 예년 같으면 꽃놀이 사람들로 오가는 차들이 꼬리에 꼬리를 물고 지날 터인데 오가는 차량도 없이 적막함 속에 저들은 자태 자랑이 한창이다.

오늘은 도시의 번잡함을 뒤로하고, 서울과 인천에서 지내는 자녀들이 휴가를 얻어 시골집에 오는 날이다. 지난날에는 사위를 백년손님이라 했지만, 요즘은 모두가 내 자식 같지 않은가? 장모는 사위를 위하여 시장에서 토종닭을 골랐다. 하지만 아이들이 도착할 즈음 서쪽 하늘이 잔뜩 찌푸린 듯 먹구름으로 어두워진다. 마당한 쪽 가마솥에 닭요리 하던 중, 굵은 빗방울과 우박까지 내려 급히 집 안으로 피신했다. 오늘 일들을 시샘이라도 하듯 고약한 날씨다. 조금 지나니 언제 비와 우박이 왔느냐는 듯 햇빛이 비친다. '비가 쏟아지다가 언제 비가 왔냐는 듯 햇빛이 나면 호랑이가 장가간다'는 옛말도 있는데, 그럼 우박이 쏟아진 뒤의 햇살은 어떤 뜻일까? 잠시 후, 다시 가마솥에 불을 지피자 펄펄 끓기 시작한다.

아이들이 도착하자 집은 활기를 띠기 시작했다. 사위가 팔을 걷어붙이고 장작불을 지필 때, 가마솥에서 피어오르는 닭요리의 김을 보며 태어나 처음이라며 장작을 더해가는 모습이 마치 어린아이 같아 보였다. 그 모습이 얼마나 귀엽고 사랑스러운지….

　아들과 사위는 선물을 준비했다며 부산을 떤다. 잔디마당에서 편히 쉬라고 해먹을 조립하며 "한번 누워보세요"라고 권한다. 자녀들이 보는 앞에서 무엇인들 못하겠는가? 해먹에 몸을 맡기며 모든 가족을 올려다본 것은 환하게 웃는 가족들의 행복한 얼굴이었다. 그 순간, 마치 하늘 위 구름마저도 이 행복한 순간을 함께 하고 싶어 하는 것처럼, 즐겁고 행복한 삶의 시간 속 여행을 같이하는 것 같았다.

　아내의 따뜻한 정성과 진심이 담긴, 손맛 가득한 시골 음식으로 가득찬 잔칫상이 펼쳐졌다. 오랫동안 기다려온 이 순간, 모든 가족이 두레 밥상에 둘러앉자, 젓가락질이 분주하다. "이것도 맛보고 저것도 맛보라."는 정겨운 소리가 일어나고, 사위를 세심하게 챙기는 아내의 모습에서부터 집안을 밝히는 모든 불빛까지 모든 것이 즐거움을 발산한다. 이는 가족의 사랑과 정을 나누는 행복이 가득한 시간 여행의 시작이다.

　오늘따라 마당의 불빛이 유난히 밝게 빛난다. 장작불을 피워 호일에 싼 감자를 구워 먹는 순간, 어린 시절의 추억이 구수한 냄새와 함께 떠오른다. 학교를 마치고 친구들과 함께 집으로 돌아오는 길에 보리 이삭을 구워 먹으며 서로 입가에 묻은 검댕을 보고 웃던 그 순간들, 논두렁을 살금살금 따라 메뚜기를 잡아 풀 꿈지에 꿰어 '누가 더 많이 잡았나!' 자랑하며 구워 먹던 기억들, 고무신으로 물방개를 가둬 놓았던 장난, 그리고 '냇기에서 멱을 감으며 맨손으로 물고기를 잡던 이야기가 오늘의 대화를 이끈다. 옆에서는 잔불 위에서 구워지는 솥뚜껑 삼겹살이 우리의 입맛을 더욱 돋운다. 이 모든 순간들을 놓치고 싶지 않고 소중히 간직하고 싶은 마음이다. 작지만 소중한 기억들이야말로 진정한 삶의 행복한 여행이 아닐까?

　전국이 코로나19의 영향으로 개인 활동이 제한되고 경제가 큰 타격을 받으며 사회 전반에 어려움과 고통이 가중되고 있다. 이러한 상황이 하루빨리 극복되기를 바라며, 이웃 간에 서로를 사랑하고 모두의 소중한 삶이 다시 펼쳐질 수 있도록 참을성과 인내를 가지길 희망한다. 코로나-19를 극복하기 위한 사회적 거리 두기와 일상에서의 여유를 갖는 것이 더욱 중요해진 현재, 우리 가족과 모든 국민이 이 위기를 함께 극복하려는 노력을 기울이며 힘든 시기를 지나는 여정이 되길 바란다.

천렵 川獵

한여름 복더위가 기승을 부릴 때쯤이면 옛 생각들이 마음 한구석을 감싸기 시작한다. 냇가에 나가 멱 감고, 과일과 음식을 먹으며, 시원한 미루나무 그늘 아래 돗자리를 깔고 낮잠도 한숨 자면서 더위를 식혔던 원시적 피서법인 천렵川獵이 생각난다. 보통 천렵은 냇가나 강가에서 이루어진다. 어린시절 마을 사람들과 함께 즐겼던 소중한 기억이다.

사람들이 모정에 모여 천렵 갈 날을 정했다. 하루 전에 각자 준비물을 챙겼다. 매운탕을 끓이기 위한 가마솥과 탕을 끓일 때 넣을 야채와 양념, 밀가루, 고추장, 된장 등도 필수였다. 무엇보다 물고기를 잡는 도구를 챙겼다. 이 도구야말로 제일 먼저 챙겨야 할 준비물이다. 도구로는 낚싯대와 족대, 고기병, 작살, 통발, 투망 등을 준비한다.

정해진 날, 장소에 도착하여 몇몇은 솥을 걸고 주위에서 나뭇가지를 주어다 불을 피우고 물을 끓였다. 또 다른 사람은 준비한 도구로 물고기를 잡았다. 매운탕 끓일 물고기는 비린내가 나지 않고 몸통에 비늘이 없으며 창자가 투명한 모래무지가 으뜸이었다. 꺽지, 참마자, 빠가사리(동자개), 메기, 쏘가리 등은 매운탕거리로 아주 인기 있는 물고기들이다. 이렇게 잡은 물고기를 얼큰하게 끓여서 맛있게 먹고 난 뒤, 강가의 미루나무 그늘로 들어가 낮잠을 자는 것이 천렵의 맛 중의 맛이었다.

천렵은 소박하고 원시적인 즐길 거리였다. 한여름 무더위를 물리치는 조상들의 지혜를 엿볼 수 있다. 그러나 현대를 살아가는 젊은 사람들은 천렵이 무엇인지조차 모르는 경우가 태반이다. 이제는 국어사전에서나 그 의미를 찾아볼 수 있는 세상이되었다. 천렵은 봄이나 가을에도 하지만, 여름철 삼복더위에 하는 게 최고의 재미를 준다.

이번에 친구들과 함께 추억삼아 투망을 던져보았다. 낮에는 이목耳目이 있어 땅거미가 드는 무렵에 물고기를 잡기 시작했다. 지금은 투망으로 물고기를 잡는 것이 금지된 어업행위가 되었다. 며칠 전 유명 스포츠맨이 SNS에 작살로

낙지를 포획한 사진을 실었다가 큰 낭패를 본 일이 있었다. 그것 역시도 불법행위였기 때문이었다.

해 질 무렵인데 더위가 수그러들 기미조차 보이질 않았다. 친구가 투망을 던지는 모습이 어스름한 노을에 환하게 반짝이며 펼쳐지는 모습이 아름다운 장관이었다. 그런데 던진 투망 속에는 물고기가 한 마리도 잡히지 않았다. 물고기를 담을 그릇은 큰 통을 준비했건만. 다시 힘차게 투망을 던져 펼쳤다. 그런데 이게 어찌된 일인지 물속 바위에 투망이 걸렸다. 투망을 건져보니 투망이 세 군데나 찢어져서 너덜너덜해졌다.

애꿎은 투망만 찢어졌지만 그래도 다시 던져 보았다. 이번에는 제법 물고기가 잡혔는데 큰 물고기는 찢어진 구멍으로 다 빠져나가고 작은 물고기들만 잡혔다. 빠져나간 물고기는 몸통을 뒤흔들며 가는 모습이 우리를 조롱하는 것 같았다. 마치 자신의 몸매를 뽐내듯 유유히 떠나는 것을 보았지만 어찌할 방법이 없었다. 더위도 식힐 겸 첨벙대며 쫓아다닌 지 얼마 되지 않았지만, 잡은 물고기가 제법 되었다.

매운탕 거리로는 충분했다. 피라미와 배통쟁이, 누치, 은어, 불거지들인데 배스도 끼어 있었다. 물고기를 잡은 그 친구는 다른 친구들 이름은 가물거려도 물고기 이름은 죄다 알고 있었다. 한 친구는 배통쟁이 물고기를 보이면서 누구 배 많이 닮지 않느냐며 옆 친구를 바라보는 얼굴에 즐거움이 가득 했지만, 정작 오늘 투망을 던진 친구는 시무룩했다.

그 친구는 '비늘이 없는 물고기와 큰 놈을 잡았어야 했는데' 하면서 아쉬워했다. 그러나 오늘 잡은 물고기는 매운탕 거리로는 최고급이다. 어느새 해가 지고 주변이 어둑어둑해졌다. 잡은 물고기를 손질할 차례다. 수돗가에 둘러 앉자 잡은 물고기를 서로 손질하면서, 물고기를 설명하는 친구도 흰머리가 수북하다. 세월의 무게는 어찌할 수 없어 보였다. 매운탕이 끓는 동안에 물고기 튀김을 하자며 준비를 열심히 한다.

물고기 튀김이 수북하게 쌓였다. 튀김으로 안주 삼아 한 잔씩 하자고 너스레를 떨며 재촉한다. 이렇게 한 순배 돌고 나니 친구들의 안부며, 소식들로 웃음꽃이 피어난다. 서로 나누던 우정에 더위는 저만치 떠나갔다. 분위기가 화기애애해지는 사이, 매운탕이 펄펄 끓어올라, 진한 냄새가 코끝을 자극한다. 이 냄새야말로 표현하기 어려운 옛 매운탕의 맛이렷다! 그 진한 매운탕 맛에 어렸을 적 천렵하던 옛 생각이 구름처럼 떠오른다.

"친구들, 천렵 잘했지?", "앞으로는 좀 더 자주 만나자.", "다음에는 천막을 치고, 더 근사한 천렵을 하자고." 어느새 밤은 깊어져가고 하늘에는 도시로 떠났던 별들이 다 돌아왔는지 밤하늘이 유난히 좁아 보였다.

*천렵川獵이란 뜻이 맞는 사람끼리 냇가에서 놀면서 헤엄도 치고, 물고기도 잡고, 그 잡은 물고기로 가마솥을 걸고 불을 피워 매운탕을 끓여 먹으며 하루를 즐기는 것을 말한다.
*배통쟁이: 긴몰개의 방언
*누치: 눈치라고도 함
*불거지: 산란기에 붉은 혼인 색을 띤 피라미의 수컷

추억의 '새벽 송'

크리스마스이브는 기독교인들에게는 단순한 날이 아니라, 기쁨과 즐거움이 넘치는 축제의 날이다. 이날은 아기 예수의 탄생을 축하 예배로 문을 열고, 유아부 재롱둥이들이 캐럴 송을 시작으로 초, 중, 고생과 청장년 부가 준비한 찬양과 율동, 성탄 극으로 열기는 점점 달아오른다. 성가대의 칸타타가 울려 퍼지는 순간 모든 교인들의 기립박수 속에 축제가 절정에 오르며 대미를 장식한다.

이 밤에 또 다른 즐길 거리가 기다리고 있다. 그것은 바로 '새벽 송'이다. 자정이 찾아오는 순간, 성도들은 팀을 구성하여 각 가정을 방문한다. 그들의 발걸음에는 특별한 목적이 담겨 있다. 아기 예수 탄생을 알리고, 캐럴을 부르며 "메리 크리스마스!"라고 외치는 것. 이는 즐겁고 행복한 성탄절을 소망하는 기독교인들의 아름다운 교제이자, 전통적인 성탄절 문화이다. 그러나 시대가 변함에 따라, 이러한 문화도 많이 변했다. 새벽 송을 주도했던 청소년들의 의식과 사회적 성탄절 문화의 변화는 물론이며, 여기에 주거형태도 한몫했다. 대형 아파트 단지가 일반화되면서 한밤중의 캐럴과 찬송은 고요한 밤 거룩한 밤에서 안 고요한 밤이 되었다. 그 결과 새벽 송이 사라져 버렸다.

크리스마스 캐럴도 어느 때부터인지 거리에서 슬며시 사라지기 시작했다. 크리스마스는 기독교인뿐만 아니라, 전 세계적인 축제로 자리했음에도 불구하고, 캐럴은 상업화와 지식재산권知識財産權으로 성탄절 축하 노래 분위기가 점점 시들어갔다. 이제는 반짝이는 불빛 물결이 성탄절과 연말연시 분위기를 대신하고 있다.

옛날 학창 시절이 생각난다. 친구들과 성탄 카드를 만들어 전시 판매를 하던 시절의 그들도 이제는 산타들이 되었겠지? 크리스마스하면 머리맡에 큰 양말을 걸어놓고 산타 할아버지 선물을 기다리다가 지쳐서 잠들어 버렸던 순수한 기대감과 아기 예수 탄생의 기쁨을 알리고 축하하는 메시지를 전달하는 크리스마스로 크게 나뉜다. 현재의 어린이들은 크리스마스의 의미를 어디에서 찾을까? 이 부분에도 상업화가 종교적, 문화적 의미를 압도하는 경향이 있다. 그러나 가정과 학교, 사회가 어린이들에게 크리스마스의 본질적인 가치를 교육하고 전달하는 데 중요한 역할을 해야 하지 않을까?

크리스마스의 새벽 송은 들리지 않지만, 교회로부터 아기 예수의 탄생을 축하하자는 따뜻한 연락이 왔다. 이 먼 곳까지 축하의 기쁨을 나누기 위해 찾아온다는 것이다.

이사 온 후 처음 맞는 크리스마스는 아내에게 가장 반가운 선물이다. 그 말을 듣자마자, 평소의 고요함과 단조로움을 벗어던진 집안은 갑자기 활기로 가득 차기 시작했다. 아내는 선물과 다과 준비에 여념이 없고, 나 역시 그 열기에 휩쓸려 분주하게 움직인다. 이 소박한 준비 속에서 우리는 함께하는 기쁨과 사랑을 다시 한번 느끼며, 여기까지 전해진 크리스마스의 진정한 의미를 되새김해 본다.

'새벽 송이라!' 그 생각만으로도 마당을 가득 메울 새벽 노래가 떠오른다. 나는 아기 예수의 탄생을 알리는 천사들에게 어떻게 감사의 마음을 전해야 할지 고민에 잠겼다. 잠시 망설임 끝에 결심했다. 약차를 준비하기로 했다. 틈틈이 채취해 둔 약초들을 하나둘 꺼내 놓았다. 펼쳐보니, 그동안 모아온 약초들이 생각보다 많았다. 그 약초들로 정성스레 준비한 약차는 새벽 송을 부르는 천사들에게 큰 기쁨이 될 듯하다.

목사, 장로, 권사, 집사, 그리고 성도들과 고등부 학생들까지, 모두가 큰 눈을 껌벅이며 검정 마차를 타고 온 천사들이었다. 그들이 부르는 '기쁘다 구주 오셨네', '고요한 밤 거룩한 밤', '저들 밖에 한밤중에'의 음율이 용암마을 위로 울려 퍼진다. 'Merry Christmas!', '새해 복 많이 받으세요!' 인사와 함께, 찬바람마저 이 축제의 기쁨에 동참하며 '메리 크리스마스'를 외친다. 천사들의 얼굴은 찬 공기에 빨갛게 변했지만, 그들의 찬양과 웃음소리는 마당 곳곳에 세워둔 바람개비를 춤추게 만든다.

아기 예수의 생일을 맞이하여 아내는 호박죽과 다과, 그리고 앙증맞은 생일 케이크 위에 은은히 빛나는 촛불을 준비했다. 그 케이크를 보자마자 함성이 터져 나왔다. 이렇게 특별한 케이크는 어느 가정에서도 기대하지 못했던 서프라이즈였으며, 특히 학생들이 그 매력에 푹 빠졌다. 발랄하고 해맑은 웃음이 가득한 가운데, 그들은 전날 공연했던 성탄 축하 노래와 춤으로 우리에게 고마움을 전했다. 이 아름다운 밤은 찬양과 웃음, 그리고 따뜻한 마음이 어우러진 완벽한 축제였다.

새벽 송이 점차 사라져가는 이 시대에, 교회 안에서는 다양한 행사와 함께 교인들의 나눔과 봉사활동이 활발히 이루어지고 있다. 평소에는 돌아보지 못했던 불우한 이웃과 소외된 계층을 찾아가 사랑을 나눔으로써 성탄의 진정한 의미를 전하고 축하하는 교회들이 점점 늘어나고 있다. 이는 성탄절의 본질인 사랑과 나눔의 정신을 살리는 아름다운 변화이다.

오랜 시간 한국 기독교 문화의 일부로 자리 잡았던 새벽 송이 점차 우리 곁을 떠나가는 것은 분명 아쉬운 변화다. 한때는 고요한 새벽을 가득 메우며, 많은 이들에게 크리스마스의 기쁨과 성찰의 시간을 선사했던 새벽 송. 그 따스한 멜로디가 이제는 들을 수 없게 되었다는 사실은 서운함을 남긴다. 하지만 그들이 떠난 자리에는 천사들의 밝은 눈빛이 별빛처럼 우리를 비추고 있는 것 같다. 창문 가까이 떠 있는 별빛처럼, 이 빛은 우리에게 여전히 희망과 사랑, 그리고 평화의 메시지를 전해준다. 새벽 송은 흐릿해도, 그 정신은 여전히 우리 마음 가운데 살아 숨 쉬며, 별빛 같은 눈빛을 통해 우리에게 영원히 지속될 성탄의 기적을 알려준다.

* 새벽 송의 유래는 다양하지만. 예수그리스도 탄생의 기쁜 소식을 천사들이 찬양으로 전했던 것처럼, 크리스마스 새벽이면 구주 탄생의 기쁜 소식을 집마다 전한다는 의미로 받아들여져 이것이 우리나라에 전해지면서 성탄의 기쁨을 알리는 새벽 송으로 발전되었다고 한다.

- 성탄카드 대신에 보내드리는 '마음의 책' 중에서 -

폭설과 휴가길

 딸아이가 연초에 휴가를 신청했다고 연락이 왔다. 모처럼 가족 모두 인천에서 휴가를 보내자고 했다. 그러나 아내가 몸살감기로 가지 못한다고 하자 딸이 시골로 내려오는 중이다. 도착예정시간에 역으로 마중을 나갔다. 제법 많은 눈이 내렸다. 딸은 자기가 눈을 몰고 왔다며 참 좋다고 인사를 한다. 내리는 눈송이는 낭만적으로 보였지만, 내심 걱정이었다.
 집으로 가는 길이 높은 고개를 지나야 되는데 눈이 계속 쏟아지고 있으니, 눈에 대한 기대와 환상은 오히려 큰 걱정이었다. 아니나 다를까! 앞서가던 차량이 고개 중간지점에서 가지 못하고 미끄러지고 있었다. 눈은 계속 내리는데 함박눈이 아니라 눈송이가 알밤만 했다. 그야말로, 폭설이었다.

운전자들이 밖에 나와 서성거릴 뿐 어찌할 바를 몰랐다. 주머니 속의 핸드폰은 긴급재난 문자만 "삐이 삐, 삐이 삐" 소리만 요란했다. "00:00분 현재 임실, 정읍, 부안, 고창 등지에 대설 주의보가 발효되었으니, 교통안전과 시설물 관리에 유의하시길 바랍니다."라는 경고만 이 주머니 저 주머니의 스마트폰에서 두런두런 거린다.

갓길에 정지된 차량도 보였다. 어떤 운전자는 아무 일 없다는 듯이 갓길에 주차해 놓고 걸어간다. 이곳저곳 정차된 차량도 운전자가 이미 걸어간 차량인 듯싶다. 난감했다. 옆 차선에는 사륜구동 차량들이 잘도 지나간다. 나는 여러 차례 후진과 전진을 반복하다가 차량을 되돌려 고개 아래 주유소에 주차 하고 지인에게 도움을 청했다. 마침 시내 모처에서 일을 마치고 귀가하는 중이니 조금만 기다리라고 한다.

버스도 운행을 중단하고 되돌아갔다. 눈은 펑펑 거세지고 주변은 어둠이 짙게 깔렸고, 희미한 가로등만 깜빡거린 채 눈을 맞고 있다. 이웃 마을 한 학생이 아빠에게 전화했으니 같이 가자고 했다. 얼마 후 학생 부모의 갤로퍼 차량이 도착했다. 염치 불구하고 동승하여 고개를 올라가는데,

이 차량 역시 중간 지점에서 미끄러졌다. 이 차량도 역시 이륜구동 차였다.

우리는 차량을 뒤에서 밀어도 보고 재설용 모래를 뿌려 보았지만 이미 도로는 눈밭으로 변하여 올라갈 수가 없었다. 할 수 없이 갓길에 주차 한 뒤 지인 차량을 기다리기로 했다. 잠시 후 4륜 트럭이 도착했는데 트럭 뒤 적재함에 많은 사람들이 타고 있었다. 어렵사리 트럭을 타고 가까스로 집에 도착할 수 있었다.

평소 30분 거리를 3시간 걸려 도착했다. 오늘 트럭을 운행한 이웃 마을 지인이 무척이나 고맙게 느껴졌다. 그동안 여러 차례 눈길을 운행했지만, 오늘 같은 폭설 속 귀가는 처음이었다. 이렇게 딸아이의 휴가길은 눈 폭탄 길이었다. 밤새도록 눈은 눈 쌓기를 더했다. 세상의 모든 허물을 흰 손으로 덮은 듯 온통 순백純白의 눈 세상이다.

무릎까지 닿게 쌓인 눈은 몇 년 만에 처음이다. 우선 통행로만 뚫고자 눈을 치우고 있는데 아내와 딸은 무엇이 그리 좋은지 동화 속의 주인공들같이 눈사람을 만들고 있다. 만들어 놓은 눈사람도 세 대 차이가 느껴진다. 아내가 만든 눈사람은 모자로 멋을 부렸고, 눈과 코와 입은 작은 막대기였다. 딸은 머리를 솔가지로 물들였고, 눈을 동전으로 동그랗게 꾸몄으며, 코는 당근을 꽂았다. 그리곤 빨간색 목도리로 멋지게 치장했다. 그런데 몸통이 세 개였다. 머리와 몸통과 다리를 표현한 3단 눈사람이다. 뚱뚱하다고 뚱사랑이라고 이름표도 달아놓았다. 21세기에는 눈사람도 진화 하는가 보다. 뚱사랑이, 마음이 꽉 찼건만 해돌이가 심술을 부리면 서서히 뚱사랑이와 작별 해야 하니 아쉬움이 남으리라. 그것을 아는지 모르는지 뚱사랑이 주머니 속에서는 Tombe La Neige♪♪♪ (눈이 내리네) 란 노래를 Salvatore Adamo 가 부른다.

Tombe la neige/ Tu ne viendras pas ce soir/ Tombe la neige/ Et mon coeur s'habille de noir…. 오랜만에 샹송을 들으니, 옛날만큼의 느낌은 아니지만, 아직은 충만한 느낌 속에 눈 치우기가 한결 편안하고 즐거웠다.

이번 딸아이의 휴가는 사람 사는 세상과 또 다른 설원雪原 세상과의 만남 속에서 에너지를 충전하며 뚱사랑이와 휴가를 마무리 했다. 이렇게 사람이 아닌 미물에게 인간이 어떠한 관점에서, 어떻게 의미를 부여하고, 무엇을 느꼈느냐가 중요할 것만 같다.

'사랑하는 마음은 작은 마음에서 시작하고, 함께하는 마음은 큰마음이어야 가능하다.'라는 글이 문득 생각이 난다.

2
갈릴리호수와 태극기

로마서 8:28

"우리가 알거니와 하나님을 사랑하는 자, 곧 그의 뜻대로 부르심을 입은 자들에게는 모든 일이 합력하여 선을 이루느니라."

영하의 날씨와 물

물 한 방울이 그리운 열다섯 번째 아침, 차가운 공기가 온 세상을 꽁꽁 얼어붙게 했다. 세수 할 물 조차 구하기 힘든 상황에서, 식수는 생수를 구입하고, 생활수는 마을 회관에서 물통으로 받아오는것이 일상이 되었다. 하루에 20~30리터 물이 필요하다. 도시에 살면서 새벽운동을 겸하여 이곳저곳 약수터로 향했던 기억이 떠오른다.

오늘도 전국이 깊은 잠에 빠진 듯 온 세상이 꽁꽁 얼어붙었다. 이곳 산간 지역은 온도계의 눈금조차 얼음 같은 침묵을 지키며 움직이질 않는다. TV매스컴에서 오늘의 날씨를 전하는 시간에는 그 체감 온도는 마음까지 얼어붙게 만드는 듯하다. 추위가 추위를 불러오듯, 눈은 마치 하늘의 끝없는 슬픔을 쏟아내듯 연일 내린다. 아침마다 눈 치우는 게 일과가 되었다. 오늘도 눈을 치우느라 온몸이 땀범벅이다. 이때 마시는 한 모금의 생수는 마치 겨울의 깊은 둥지에서 발견한 작은 행복 같다.

마을앞 도로는 제설차가 지나다녀 차량운행은 지장이 없지만 일상의 편안함은 멀리 떠난 듯하다. 우리 마을은 다행히도 햇볕이 하루 종일 잘 드는 곳이라 눈은 비교적 빨리 녹아내린다. 하지만 영하의 추위가 눈을 녹인 뒤엔 빙판길로 변모시켜, 발걸음마다 미끄럼이 조심스럽다. 마을 어른들도 눈 쌓인 도로에는 아예 나가지 않으신다. 추위와 눈에 갇혀 집안에서 며칠째 살다보니 얼마나 답답하실까? 마을 이장이 가가호호 방문하여 생활상을 점검하는 것을 보니 이장 발걸음도 걱정 된다.

사정이 이러하니 간이상수도뿐만 아니라 생활하수도 꽁꽁 얼어버려서 불편하다. 견디다 못해 도시 자녀들 집으로 거처를 옮기는 어른들도 있다. 나는 집에서 옛 영화를 감상했다. 급격한 지구온난화로 인해 남극과 북극의 빙하가 녹아 바닷물이 차가워지면서 해류의 흐름이 바뀌게 되어 결국 지구 전체가 빙하로 뒤덮인다는 거대한 재난영화인 〈투모로우〉를 보았다. 영화 속 주인공인 아버지는 아들을 구하러 북쪽 뉴욕으로 향하면서 온갖 역경을 이겨내고 극적으로 재회하는 재앙영화였다. 영화 속 재난정도는 아니지만, 강추위가 계속되면서 수도는 아예 포기하고 마을회관에서 물을 받아 생활하고 있었다.

사촌의 전화가 울린다. 추운날씨에 어떻게 지내냐는 인사와 함께 생활이 걱정되어서 안부전화를 했다는 것이다. 전후사정을 들은 사촌이 간이 상수도를 해결할 수 있다고 했다. 얼마나 반가운 소리인가! 작업이 시작되었다. 일종의 소형 고압 스팀 펌프 장비를 설치하고 각각의 수도관마다 막힌 부위를 녹이는 것이다. 주방과 화장실의 세면대와 욕조, 세탁기 배수관을 녹이고 마무리하는데 반나절 이상이 걸렸다.

이렇게 좋을 수가! 냉온수를 사용할 수 있다는 것이 얼마나 기분 좋은 일인가, 그동안 물통을 들고 다녔던 불편이 해결되었다. 그날 저녁 온수에 몸을 담고 있자니 다른 집들의 수도가 걱정되었다. 이번 강추위로 인한 생활의 불편 중에서 특히 물의 소중함이 절실히 느껴졌다. 옛날에 치산치수治山治水를 잘하는 군주는 백성들로부터 지대한 덕을 입었다는 말이 있다. 이 치산치수란 곧 산을 다스리고 물을 조절함이 단지 가뭄과 홍수를 예방하고 대처하는 기술적 행위에 국한되는 것이 아니라, 깊은 의미를 지니고 있을지도 모른다. 그것은 바로 자연의 법칙과 원리에 대한 깊은 통찰을 바탕으로 자연과 더불어 조화롭게 살아가는 삶의 지혜를 뜻하는 것이 아닐까?

몇 해 전, 조선의 마지막 황녀, 덕혜옹주의 숨결이 담긴 삶을 영화화하여 사회 전반에 걸쳐 큰 파장을 일으켰을 때, 나는 대마도를 방문한 적이 있었다. 그곳, 조용한 바닷가 어촌마을에서 나는 잊을 수 없는 경험을 했다. 바로 일본인들의 절약정신이 깃든 생활상을 볼 수 있었다. 이곳 마을은 물이라는 소중한 자원을 어떻게 아끼고 재활용하는지를 몸소 보여주었다.

샤워를 마친 뒤의 물도 그냥 버려지지 않았다. 그 물은 정화되어 다시 사용될 수 있도록 관리되었다. 또한, 세면대에서 손을 씻은 뒤의 물도 단순히 흘려보내지 않았다. 그 물은 기발하게도 양변기로 이어져, 다시 사용될 수 있도록 시설이 마련되어 있었다. 그들의 절약 문화가 일상에 깊숙이 뿌리내린 것을 보며, 이러한 습관이 어린 시절부터 가정과 학교에서 몸에 배어야 한다는 사실을 깨달았다.

간혹 수돗물 절약을 위한 문구를 마주칠 때마다, 그것이 얼마나 중요한 일인지를 인식하게 되었다. 이는 아주 기본적인 생활습관이지만, 쉽게 무시되곤 하는 습성 때문에 제대로 지켜지지 않은 것이다. 이번 강추위를 겪으며 물의 소중함을 새삼 느끼게 되었다. 아침에 세수를 하고 양치질을 할 때부터 작은 실천을 시작해야겠다고 마음먹었다. 수도꼭지를 꼭 잠그는 것부터 일상 속에서 물을 아끼는 작은 실천들이 모여 큰 변화를 이루어낼 수 있다는 것을 깊이 인식하게 되었다.

이처럼 절약 문화는 단순한 습관을 넘어서 우리가 살아가는 방식과 세상을 바라보는 시각에 깊은 영향을 미친다. 물 한 방울의 소중함을 일깨워주는 이러한 실천은, 우리 모두가 더 나은 세상을 만들기 위해 함께 노력해야 할 중요한 첫걸음이 될 것이다.

비비정飛飛亭 해넘이

　비비정 예술열차에서 지평선 해넘이를 보는 맛은 장관이었다. 만경강 주변이 붉게 물든 해질녘, 잠을 자려고 모여드는 겨울 철새 무리들이 날개짓을 하며 유유히 먹이활동을 하는 모습과 어우러진 지평선 해넘이를 보면서, 나도 모르게 핸드폰 사진 촬영 버튼을 누르기에 정신이 없었다. 붉게 물든 하늘에는 구름이 붉은 태양을 가릴 듯 말 듯 덧칠 해놓은 것 같은 풍광이 참 아름다웠다.
　우리 고장에서 해넘이 하면 바다를 붉게 물들이는 부안 줄포 낙조가 일품이지만, 지평선을 넘어가는 만경 들녘 해넘이도 이에 못지않게 아름다웠다. 비비정飛飛亭이라는 이름은 삼례근교를 지나는 출근길 이정표에서 보아서 그런지 낯설지 않았다.

비비정은 전북 완주군 삼례읍 후정리 남쪽 언덕에 위치한 조그마한 정자로 완산지完山誌에 의하면, 이 정자는 선조 6년(1573)에 무인武人 최영길崔永吉이 건립했는데, 그 뒤 철거되었다가 영조 28년(1752)에 관찰사 서명구徐命九가 중건했다고 한다.

오랜 세월 사라졌다가 1998년에 복원된 조선시대의 정자다. 이 비비정은 우암 송시열과도 연관이 있다. 송시열(宋時烈 1607~1689)은 최영길의 손자 최양의 부탁으로 비비정기飛飛亭記라는 기문記文을 써주었다. 우암은 기문에서 조업祖業으로 무관을 지낸 최영길과 그의 아들 최완성, 손자 최양을 언급하고, 최양이 살림이 넉넉하지 못함에도 정자를 보수한 것은 효성에서 우러난 일이라 칭찬하며 다음과 같은 내용을 덧붙였다.

비비정은 '지명에서 연유된 것이라 하였으나, 내가 생각하기로는 그대의 가문이 무변武弁 일진대 옛날에 장익덕은 신의와 용맹으로 알려졌고, 악무목은 충과 효로 알려진 사람이었으니 두 사람 모두 이름이 비자飛字였다. '장비張飛'와 '악비岳飛'의 충절을 본뜬다면 정자의 규모는 비록 작다 할지라도 뜻은 큰 것이 아니겠는가.'라 하며 이름이 뜻을 밝혔다.

한편 예로부터 이곳은 '큰내'라는 우리 말 이름 '한내'로 백사장에 내려앉은 기러기 떼를 바라보는 것을 뜻하는 '비비낙안飛飛落雁'이라 하였으니 완산 8경중 한 곳이다. 옛 선비들은 비비정에 올라 술을 마시고 시와 운문을 지으며 풍류를 즐겼다 한다. 이렇듯 비비정 아래로는 한내라 부르는 강(삼례천)이 만경강으로 유유히 흐르고, 주변으로는 드넓은 호남평야가 펼쳐져 있어 풍광이 예사롭지 않으며 매우 아름다운 곳이다.

한내는 물이 많아 차고 강처럼 크다. 하여 붙은 이름으로, 깊은 산에서 물이 흘러 형성된 소양천과 고산천이 합류하는 지점이자 전주천과 삼천천이 합류하여 만경강으로 흐르기 시작되는 지점이기도 하다. 그 옛날 한내는 군산과 부안지역에서 생산되는 소금과 젓갈을 실은 배가 끊임없이 왕래했던 곳으로, 이순신장군이 백의종군한 마지막 길목이었다.

강변에는 백사장이 펼쳐져 있는데 마을 노인들의 증언에 따르면 지금은 백사장에 갈대와 다른 풀들로 인해 가려져 보이지 않지만, 약 40~50년 전만 해도 그 곳은 잔풀 하나 없이 모래밭이 햇볕을 받아 하얗게 빛났다고 한다.

비비낙안과 비비정 주변에는 호산서원湖山書院이 있다.

여기에는 포은 정몽주와 우암 송시열이 배향되었는데 송시열은 비비정기와 비비정 편액을 지었기 때문에 배향되었다 한다. 다만 정몽주가 배향되었다는 것은 의외였다.

아내와 함께 비비정 예술열차에 올랐다. 이 열차는 KTX 전라선 철길 건설 과정에서 사용했던 옛 철교를 개조하여 새마을호 열차 4량을 연결한 후, 각 차량마다 다른 기능의 예술 공간으로 재탄생시킨 것이다. 1호차는 레스토랑, 2호차는 특산품 전시장, 3호차는 갤러리, 4호차는 카페와 야외 테라스로 구성되어 있어 창의적인 아이디어가 인상적이었다.

테라스에서 주변 환경을 감상해보니, 아직 공원 조성 사업이 완성되지 않은 구조물들이 보였다. 계획대로 비비낙안 주변이 공원과 시민 휴식처로 완성된다면 옛날 완산 8경의 풍광이 재현될 것으로 생각된다. 이곳을 찾는 수많은 이용자들에게 휴식의 장소가 될 것 같았다. 한편 새로 지어진 빛바랜 KTX 교각이 멀리보이는 아파트와 단지와 붉게 물든 해넘이 모습과 어울리지 않아 아쉬움이 남았다.

비비낙안의 정서에 맞게 KTX 구조물을 정비하거나, 친환경적으로 돋보이게 꾸민다면 이곳을 찾는 사람들에게 아름다운 기억으로 남을 것 같았다.

*만경강 萬頃江 Mangyeong River

만경강은 완주군 동상면 사봉리 밤티마을 밤샘에서 발원하여 화산면 운산리에서 흘러내린 고산천과 합수되고, 소양면 만덕산 계곡에서 흘러내린 소양천이 삼례읍 회포대교 부근에서 합류하여 흐른다. 한편, 이 물길은 상관면 슬치재에서 전주시를 관통한 전주천과 구이면 모악산 계곡에서 발원한 삼천과 합수되어 삼례읍 삼례교에 이르러 만경강의 본류가 된다. 전북 완주군 동상면에서 시작하여 호남평야의 강줄기를 이루어 도도히 흘러가는 만경강의 수계는 80.86Km에 이른다.

조업祖業: 조상(祖上) 때부터 대대(代代)로 내려오는 가업(家業)
기문記文: 기록문서
무변: 무인을 가리키는 말

적벽赤壁 나들이

    화순적벽은 옛날 중국의 소동파가 읊었다는 황주적벽과 버금갈 정도의 경치를 자랑한다는 이유로 그 이름이 붙여졌다. 이곳은 오랜 세월 시인과 묵객들의 발길이 끊이지 않았던 곳이다. 다산 정약용과 방랑시인 김삿갓 등 많은 시인들이 이곳을 찾았다.

    1980년 초여름 물놀이와 경치를 즐기기 위해 화순적벽을 처음 방문했었다. 당시 그곳은 자갈마당과 높은 바위로 이루어져 있었을 뿐이었다. 이른 나이에 자연의 아름다움이 제대로 느껴지지 않았다. 그 후 다시 그곳을 찾았을 때는 광주시 상수원 보호구역으로 지정되어 출입이 통제되고 있었다. 오랜 세월 잊고 지냈던 화순적벽이 4년 전에 다시 개방되었다는 소식을 듣고, 인터넷으로 방문을 예약했다.

예약한 날 아침, 일찍 일어나 아내와 옛 근무지와 화순적벽에 관한 이야기를 나누며 전남 화순으로 출발했다. 출근시간이었지만 길은 한산하여 예정보다 일찍 집결지에 도착했다.

출발 시간이 가까워지자, 관광객들이 32인승 버스에 올랐다. 산길은 좁고, 비포장으로 작은 버스가 제격이었다. 안내자는 주의사항과 화순적벽의 설명을 통해 일반인들이 방문할 수 있게 된 과정을 자세히 설명해 주었다. 셔틀버스는 숨 가쁘게 구불구불한 산길을 오르며, 전망이 좋은 곳에서 잠시 멈추어 관광객들이 경치를 감상하고 사진을 촬영할 수 있도록 배려했다. 도로 위 먼지구름이 버스보다 앞서거니 뒤서거니 다투는 가운데, 산모퉁이를 도는 곡예 운전 끝에 확 트인 곳에 검푸른 수면이 보이기 시작했다.

해설사의 설명을 들으며 통천문通天門을 지나고 보니 과연 통천문이란 현판이 제격이구나 싶었다. 이곳은 다른 세상이었다. 선계仙界에 들어 온 것 같아 가슴이 뭉클했다. 옛 선인들의 격조 높은 시문을 읊는 소리가 귓전을 울리는 것만 같았다.

눈앞에 펼쳐진 적벽은 장항적벽獐吭赤壁(노루목)이었다.

보산적벽寶山赤壁과 물염적벽勿染赤壁도 있으며, 창랑적벽滄浪赤壁은 다른 곳에 있었다. 이들 모두를 화순적벽이라 한다.

적벽 중 장항적벽의 높이가 90m로 적벽 중에서 가장 아름답고 웅장하다. 거대한 절벽이 짙푸른 물속에 딱 버티고 서있는 모습이 참 절경이다. 김삿갓도 이곳에서 시와 문장을 노래했을 만큼 멋진 곳이다. 산은 물을 만나야 활기를 띠고, 물은 산을 휘감아야 매혹적이다. 이렇게 산과 물이 조화를 이루어야 산은 산다운 멋을, 물은 물다운 맛을 가득 품는다. 적벽은 계절 따라 옷을 갈아입으면 꽃문양이 된다. 바람에 흔들리는 솔가지, 울긋불긋한 꽃동산에, 짙은 초록이 생명력을 보여준다. 겨울이면 하얀 털모자를 쓴 침엽수의 강인하고 변절이 없는 충절의 생명력을 보여줄게다.

이곳 적벽은 기묘사화 후 유배 생활 중이던 시인 신재新齋 최산두崔山斗가 이 곳 절경을 보고는 중국의 적벽과 견줄 만하다고 평가하며 '적벽'이라 이름 지었다고 한다. 나는 중국 적벽은 본 적이 없으나, 지금 이곳의 절경 앞에서는 눈길이 어디로 가야할지 모를 정도로 아름다웠다.

이곳저곳을 둘러보니 눈길이 가는 곳마다 그 옛날 남루

한 옷매무새, 삿갓에 죽장 든 난고蘭皐 김삿갓(김병연)도 적벽의 수려함에 반하여 "無等山高松下在무등산고송하재 赤壁江深沙上流적벽강심사상류" '무등산이 높다더니 소나무 가지 아래 있고, 적벽 강이 깊다더니 모래 위에 흐르는 물이더라' 라는 시를 남겼다고 한다. 적벽의 절경에 매료되어 더 이상 방랑하기 싫었던 게 아니었을까?

천재 시인 난고 김병연의 흔적을 짚어보고 싶어 동복면 구암마을 김삿갓 동산과 종명지終命地를 찾았다. 이곳에는 전국 각지를 유람했던 모습을 담은 김삿갓의 동상과 시비詩碑가 있었다. 김삿갓 시비 동산에는 시비가 다양한 모습으로 곳곳에 세워졌으며, 많은 사람들의 마음을 사로잡고 있었다. 自詠자영. 竹時죽시. 白鷗백구. 賞景상경, 金剛山 등이 있었는데 참으로 시적 기지機智와 재치가 넘치는, 눈에 띄는 시구들이 눈길을 사로잡고 있었다.

'辱說謀書堂욕설모서당'도 있다. 난고 김삿갓이 자신을 모질게 박대한 시골 서당 훈장을 향하여 날린 돌직구로 욕설의 백미白眉랄 수 있다. 방랑시인 김삿갓이 기거하며 생을 마감한 압해 정丁씨 안채와 사랑채 사당이 잘 정리되어 있었다. 때마침 마을 입구에서는 어느 방송사가 김삿갓 특집방송을 촬영하느라 하늘에는 드론이 분주했다. 구암마을 이장은 평생 방랑하면서 풍자적이고 해학적인 시를 쓴 방랑시인을 논하고 있었다. 아쉬운 마음에 김립선생초분유허지지金笠先生初墳有墟之地 비문을 생각하고 있을 때, 하늘에 높이 떠오른 드론은 어서 강원도 영월로 가자고 재촉하는 것 같았다.

* 기묘사화己卯士禍 : 1519년(중종 14) 남곤南袞 · 홍경주洪景舟 등의 훈구파勳舊派에 의해 조광조趙光祖 등의 신진사류新進士類들이 숙청된 사건.

갈릴리 호수와 태극기

　호흡하는 자는 살아있나니, 인간의 삶에는 수많은 색채가 존재하거늘, 세상사를 살아가며 오직 받기만, 아니면 주기만 하는 이들이 있다. 이들 스스로 정당하다 여기겠지만 세상은 변화무쌍하여 언젠가 자기 삶의 왜곡을 깨우치리라. 사랑은 받은 만큼 돌려주는 법이라 하였으니, 이를 잘 보여주는 곳이 갈릴리호수가 아닐까! 이곳을 아내와 함께 성지순례에 나섰다.
　갈릴리 호수는 헐몬산에서 물을 받아 요단강으로 흘려보낸다. 이렇게 받아들이고 되돌려 주는 갈릴리는 언제나 생명이 약동하고 풍성한 곳이다. 이번 성지순례에서 마주한 갈릴리 호수는 아름다운 자연경관을 품은 곳이며 수려한 경관 못지않게 신앙 역사와도 소중한 인연을 간직한 곳임이 느껴진다.

요단강에서 세례요한으로부터 세례를 받은 뒤 공생애*를 시작하신 예수님은 대부분 이곳에서 지내셨다. 제자들도 이곳 출신이다. 주님의 오병이어 기적이 일어난 곳, 산상수훈의 장소이며, 가버나움, 막달라, 디베랴가 있는 지역이다.

갈릴리 지역은 항상 성지순례객 들의 발걸음이 끊이지 않는 곳이다. 갈릴리 호수는 해수면보다 210m 낮은 광활한 담수호로, 남북 길이가 21km, 동서 폭이 12km, 둘레 53km, 면적 170km²로 넓은 호수다. 호수 주위는 대략 300m의 험준한 산지로 둘러싸여 있고 보통 때는 물결이 잔잔하나 오후에는 산을 넘어오는 바람으로 인해 거센 풍랑이 일어나는 것으로도 유명하다. 히브리어로 '갈'은 물결이란 뜻인데, 이 지역은 골짜기와 산지가 물결치는 구릉지대를 이루는 지형에서 유래했다고 한다.

솔로몬왕이 성전과 왕궁을 짓는 데 많은 도움을 준 두로왕 히람에게 그 답례로 갈릴리의 20개 성읍을 주었다는 데서 처음 등장한다.(왕상9) 그리고 주전 732년 앗수르왕에게 정복당한(왕하15:29)이후 여러 차례 주변국 정세에 따라 정복되어 많은 이방인이 거주하였으므로 생활, 예술, 종교에 이르기까지 이방의 많은 영향을 받아 성경은 이방의 갈릴리라 부르고 있다.

당시 유대 사회에서 갈릴리는 멸시를 받던 대표적인 지역이었다. 갈릴리 사람은 '무지한 사람'이라는 의미의 관용어로 사용되기도 했다. 이러한 배경 속에서 예수님은 갈릴리에서 활동하셨고, 갈릴리 사람들을 제자로 삼아 복음을 전하셨다. 이는 이사야 선지자가 예언이 그대로 성취된 것으로 보인다.

'흑암에 행하던 백성이 큰 빛을 보고 사망의 그늘진 땅에 거하던 자에게 빛이 비치도다.'(사9:2)

예수님은 예루살렘 사람이 되지 않고 갈릴리 사람이 되어 갈릴리지역 사람들의 아픔, 슬픔, 부끄러움의 상처를 감싸주고 위로하였다. 갈릴리는 당시에 가난, 질병, 사회적 소외, 죄인의 문제로 '흑암의 땅'으로 여겨졌다. 하지만 예수님의 구원의 메시지는 이 지역 사람들에게 큰 희망의 빛이 되었다. 즉 예수님은 갈릴리 사람의 어려움을 자신의 삶 속에 받아들이시고, 구원을 약속하심으로써 이 땅에 새로운 빛을 밝혔다는 의미로 예수님의 구원 사역을 강조하고 있다.

우리 일행은 갈릴리호수 선착장에 도착했다. 과거 예수

님의 배를 복원한 목선이 동방의 나라에서 온 우리를 맞아 주었다.

배가 출항하자 그동안 그림으로 보아왔던 야자나무와 산에 둘러싸인 갈릴리 호수의 고요한 풍경이 펼쳐졌다. 호수 가운데 정지했을 때, 바람 소리에서 주님의 음성이 들리는 것 같았고, 파도 소리에서 주님이 나타날 것만 같았다. 이 순간 바람이 돌풍으로 변하며 배가 흔들리며 긴박한 장면도 있었다.

그때 한 선원이 '필승! korea'를 외치며, 우리에게 이벤트를 해주겠다고 한다. 무엇일까! 궁금해할 틈도 없이 애국가가 울려 퍼지며 태극기를 게양한다. 그런데 좀 이상하다. 태극기의 검은 사괘四卦가 어찌 힘이 없어 보였다. 거꾸로 달려 있었다. 아내가 바로 잡아 달고 보니 그때야 태극기가 힘차게 펄럭였다.

'이스라엘 땅 갈릴리 호수에서 태극기 게양식이라니!', 지금은 우리 땅에서조차 게양식이 사라진 지 오래되지 않았던가! 우리 일행은 모두 애국자가 된 듯 한마음으로 애국가를 합창하며 평화통일의 목소리를 높이고 나니, 마음 한 구석에 애국의 열기로 가슴이 벅차오르며 엔돌핀이 솟아올랐다.

태극기와 이스라엘 국기가 바람결에 흔들리는 모습이 언젠가는 다시 오실 예수님을 부르는 손짓으로 느껴졌다.

학창 시절에 태극기 게양식과 하강식을 하면 가던 길도 멈추고 국기를 향하여 국가에 대한 충성심을 보였던 것이 어느 때부터인지 슬그머니 없어지지 않았던가! 그런 국기 게양식을 이곳에서 보게 될 줄이야! 모두가 흥분된 마음을 가라앉히고 함께하신 목사님 주도로 선상 예배와 찬송을 불렀다. 교회에서 드렸던 예배와 찬송, 하지만 이국땅 그것도 의미가 있는 갈릴리 호수 배 위에서인지 숙연한 기분이 들었다.

흩날리는 머리를 모자로 눌러 잡고 선상에서 중생, 성결, 신유, 재림의 갈릴리 호수와 주변 환경에 흠뻑 빠져들었다. 목선은 어느덧 선착장에 닻을 내렸고 태양은 석양빛으로 물들었다. 호수 주변은 하나둘씩 불빛으로 새로운 생명으로 태어나고 있었다. 오늘과 내일도 하루를 평강함으로 몸과 맘을 이끌고 갈릴리 호수는 야경과 새벽을 다시 열었다.

*공생애: 예수님이 세례를 받으신 후부터 부활하시기까지 3년 반 기간을 말함.

대마도 여행길

새벽 02:30분 전주는 코끝이 찡하게 찬 비바람이 매섭다. 버스 안은 여행의 기쁨을 아는지 후끈 달아올랐다. 대마도 여행을 위해 부산으로 출발했다. 진안, 장수 고지대는 눈길로 버스가 조심스레 서행하고 있다. 잠시 눈을 감은 듯했는데 바닷냄새가 물씬 느껴진다. 부산 인근 여행사에서 준비한 이른 아침으로 따뜻한 찰밥에 김을 싸 먹는 맛이 색다르다. 일행들도 이런 이른 아침 식사는 처음이란다.

부산항 국제 여객 터미널에 도착하였다. 짐들을 정리하고 미처 준비하지 못한 물품을 구매하여 코비(KOBEE)에 승선했다. 일본 여행의 배편은 이번이 처음이다. 바람 주머니 깃발을 보니 파도가 걱정된다. 승무원의 안내를 받고 좌석에 앉으니, 대마도 여정이 앞서간다. 코비의 출발 소리와 함께 엔진 소리가 높아진다.

승선 인원 200명의 그리 크지 않은 코비는 햇살 머금은 부산항을 뒤로 하고 떠난다. 출발 20여 분, 이미에 땀이 뭉클 솟아나며, 멀미가 날 지경이다. 먼바다 파도에 코비도 멀미하는지 더욱 넘실거리는데 내 배는 더욱 울렁거린다. 자리에서 일어나 서성이며 참아본다. 다른 승객들도 하나둘씩 출입이 빈번해진다.

나도 위생 봉투를 찾아 준비했다. 내 모습을 보고 가이드가 찾아와서 "불편합니까?" 묻는다. 난 고개만 끄덕였다. 잠시 뒤 승무원이 담요를 여러 장 바닥에 깔아주며 누워보란다. 상황이 상황인지라, 옛다 모르겠다. 벌렁 누워버렸다. 파도를 가르는 코비의 동력 소리와 심박 소리의 울림이 고스란히 느껴진다. 다른 사람들 얼굴도 무지갯빛으로 변하고 이동이 빈번해진다. 그들의 고통까지 모두 느껴졌다.

대마도에 가까워질수록 코비는 더욱 악을 쓰는 것만 같다. 거센 흔들림이 지속됨과 더불어 방송 멘트가 울린다. 거의 도착이 되었다는 것이다. 일어나 보니 성질 급한 사람들이 벌써 짐들을 챙기느라 분주하다. 갈매기의 날갯짓 따라 대마도의 첫 풍경이 눈으로 들어온다. 코비에서 하선하여 입국 절차를 기다렸다.

조그마한 여객 공간에서 순서를 기다리며 주위를 보니 우리와 약간 다른 모습들이 보이면서 일본 언어들이 쏟아져 들어온다. 몇 겹을 쌓은 줄이 줄줄이 이어진다. 얼마나 기다렸을까? 수속을 마치고 밖으로 나오니 첫눈에 들어오는 것이 인상적인 등대이다. 200여 년 온갖 삶의 풍상을 지켜낸 나지막한 돌 등대. 모양새는 초라하지만 200세가 넘는 고태古態가 넘쳐흐른다. 미처 카메라 준비가 되지 않아 사진을 담지 못한 이즈하라いづはら 항구의 첫인상이었다.

대마도 바람은 강하고 기온이 차갑게 느껴진다. 일행 중 어떤 여인들은 소울을 머리에 쓰기 시작한다. 그 모양이 해괴하다. 마치 이슬람 여성의 전통 복장인 히잡(Hijab)을 두른 모습과 유사하다. 색다른 모습이 순간 연출되었다.

일행들의 발걸음은 상큼했지만, 추위와 배고픔에 모양새는 늘어졌다. 새벽 식사를 했기 때문인 것 같다. 우선 이른 점심을 해결하기 위하여 잠시 배낭과 소지품을 맡기고 인근 조그마한 음식점에 들어갔다. 노부부가 운영하는 곳이다. 우리 일행들로 완전 만석이다. 쌀밥, 튀김새우, 국물, 단무지, 기타 등이다. 반찬 추가는 없고, 국물만 더 추가

하여 간단히 점심을 했다. 식사 후 걸어서 이즈하라 구역을 역사 탐방했다. 여기저기, 이곳저곳 볼거리가 우리 옛 선조들이 대마도에 영향을 끼친 문화라지만 지금은 일본 문화로 바뀌었다. 오래된 전설 같은 이야기만 들려온다. 신라 사람들의 생활 터전, 가야국 동네, 백제 전통과 고려 문화, 조선의 풍습과 옛 선조들이 살아왔던 생명의 소리가 고스란히 느껴진다.

그 속에 담긴 희로애락喜怒哀樂과 죽음, 고통, 말 못 할 그 무엇들이 몇 세기를 머금은 한恨의 역사가 가슴속으로 풀어 헤치고 들어온다. 깊은 한숨만 토해낼 뿐 할 말이 없다. 그저 하늘만 따라다녔다. '지금은 여행 중이야!' 대변하듯 바람만 귓전을 때린다. 선대들이 이룩한 삶을 하나하나 소환하기란 어려운 일이지만 마음 한구석, 진한 여한餘恨이 감동으로 이어진다. 조상들이여 영생하소서!

이즈하라 골목길에 들어서니 사무라이 주택들이 즐비하다. 사무라이라는 말만 들어도 눈이 찔끔 감긴다. 긴 칼을 마구 휘둘렀던 일본 무사들의 모습이 앞선다. 사무라이 하면 훈도시ふんどし 찾던 망측한 모양만 상상되었는데, 우리 식으로 표현하자면 양반 계층이란다. 골목 안쪽 이곳저곳에 사무라이의 신분에 따라 가옥과 담장의 형태와 높이가

달라진다고 하니 계급사회 시대는 어디나 그 모습과 모양이 비슷했던 것만 같다. 그런 느낌을 뒤로한 채 옛날 대마도를 통치했던 번주 가문이 살았다던 가네이시 성터, 덕혜옹주 결혼 봉축비 앞에서 잠시 비운의 덕혜옹주 삶을 귀담아듣고 무거운 발걸음을 옮겼다.

길모퉁이에 놓인 오랜 세월을 짊어진 목재우체통이 눈에 띈다. 긴 세월을 버티고 소식을 전한 듯 허름해 보이지만 지금도 제 역할을 하는 130여 년 된 우체통이란다. 우체통을 기록하는 순간, 우리 부부는 그만 관광 대열에서 이탈이 되고 말았다. 우린 여행의 다른 팀 속으로 흡수되어 버렸다. 이 골목 저 골목을 돌아다니면서 우리 일행을 찾아보았지만 보이지 않았다. 한참 동안 골목을 헤매다가 옛날 고기잡이배가 들어오거나 새로운 물건들을 실은 배가 들어오면 사람들로 붐볐다던 선창 유곽에서 간신히 우리 일행을 만날 수 있었다. 우리 팀들은 우리가 이탈되었다는 것을 전혀 의식하지 못하고 있었다.

저녁 식전 시간을 이용하여 티아라 몰에 들렸다. 선진국의 물건이라 좋은 물건 중 눈에 들어오는 것은 게르마늄 팔찌였다. 환율 계산도 하지 않고 찜했다. 아내는 주방용품에 눈길을 쏟고 있었다. 세라믹 칼, 가위 등 주방에서 사용할 물건을 구매하였다.

식당 분위기는 좋아 보였다. 2F에 정리 정돈된 상들이 깨끗한 다다미방에 차려졌다. 기분이 상쾌했다. 주문한 이 시야끼에 생선회를 곁들여 맛볼 수 있도록 여행사 측에 특별한 먹거리를 요구하였다. 이곳 주인이 전직 프로 게이샤 출신으로 우리에게 범상치 않은 일본 춤을 선사해 주었다. 생소한 춤사위와 노래가 끝났다. 설명을 들어 보니 남성이 여성에게 사랑을 고백한 후 여성이 남성의 고백에 사랑을 받아들인다는 내용이었다.

뒤늦은 환호와 박수를 보내니 답가로 "목메어 불러봐도 대답 없는 내 형제여 돌아와요 부산항에 그리운 내 형제여…" 우리 대중가요를 완창으로 환영 해주었다. 식사 중 졸지에 나는 김또깡이 되었다. 너무 갑작스러운 선택에 깜짝 놀랐다. 주인으로부터 술잔을 받아 들고 건배를 외치며 단숨에 마시고 답술을 권하니 흔쾌히 받는다. 즐거운 여흥이 다할 때까지 게이샤는 정성을 다하는 모습이 멋지고 아름다웠다. 마지막 우리 부부는 주인과 다정하게 사진으로 대마도 음식점에 좋은 인상을 새기는 특별함도 있었다.

'미우다' 펜션으로 향했다. 이츠하라에서 시간이 좀 걸렸다. 산길과 해안 길을 굽이굽이 돌아서 한적하고 조그마한 어촌 해안 펜션에 도착했다. 편백 펜션인 전기 온돌방은 부부 커플이 유숙하기에 좋은듯하다. 추위와 여독으로 금세 잠이 들었고 여느 때와 마찬가지로 새벽에 일찍 일어났다. 주변 해안가를 찾았다. 아주 고운 모래에 자그마한 바닷가 해수욕장이었다. 아침 기온이 많이 내려갔지만, 양말을 벗고 바닷가를 거닐었다.

발이 아려 온다. 맨발로 뛰어다니면서 추위를 이기려 해보았지만, 여름 행색은 무리수였다. 숙소로 돌아오는 길에 펜션 주위를 살펴보니, 어제 늦게 도착한 탓에 확인하지 못했던 주변들이 울창한 편백나무로 조림이 잘 되어 있었다. 일본 정부는 20년 전부터 후세들에게 물려준다는 계획으로 일본 국토 전역에 펼친 조림 사업이 성공하여 일본 경제가 어려워진다고 해도 3년 정도는 조림한 수목으로도 경제력이 유지된다고 하니 너무나 놀라울 뿐이다.

다음 세대를 위하여 물려줄 유산을 미리 준비한다는 일본인의 미래 준비성이 돋보였다. 일본 사람의 미래지향적 역사성을 배워야 하지 않을까 싶다. 산림조성을 위해 빗물을 바다로 직류 시키지 않고 지하 관수시설에 물을 저장한다는 말도 새겨들어야 할 것 같다. 숙소의 지붕에는 태양광 시설로 전기를 비축하여 생활 전기로 사용할 뿐만 아니라, 산업전기로도 사용한다니 놀라운 일이다.

펜션 한쪽 구석에도 웬 송수구가 있었다. 일정 요금을 내고 온천물을 공급받아서 온천수를 가정에서도 사용하고 있다니, 무분별한 온천공 개발을 방지하여 지하자원을 아끼려는 정책이란다. 주변을 살펴보니 역시 저쪽 능선에 온천시설이 있었다. 이용하고 싶은 마음에 달려 가보니 개장 시간이 오전 10시. 이용하지 못하고 숙소로 돌아왔다. 다른 일행의 인기척이 들리고 가이드도 분주하다.

아침 도시락이 배달되었다. 깔끔한 도시락으로 식사하고 난 후 샤워를 하면서 또 한 번 일본인들의 절약 정신이 돋보였다. 화장실 세면대에서 손을 씻은 물 처리가 돋보인다. 퇴수 되는 물이 양변기로 들어가고 있었다. 처음 보는 것이라 호기심에 확인하고 싶은 마음이 발동하여 분리를 해보려고 했지만 할 수 없어 포기했다.

아무튼 좋은 것을 보고 많은 것이 느껴진다. 배울 것은 배워야 한다는 것은 진리다. 대학에서도 학생들에게 배움이란 끝이 없다고 가르친다고 한다. 사람을 해하는 일만 빼고 인간의 삶을 누림에 있어서 유익한 일이라면 세 살 먹은 손자에게도 배워야 한다는 거다. 팔순 노인도 배움에 게을리하지 말아야 한다는 말이 새삼 귓전에 다가든다.

울릉도와 독도를 다녀와서

　직장의 고등학교 후배들과 울릉도 여행을 가기로 했다. 퇴직 기념으로 일정을 잡은 뒤 1주년 기념 여행을 한 것이다. 함께한 후배들이 고마웠으며, 참 즐거운 여행길이었다. 몇 해 전 금강산 여행을 계획했다가 박모 씨의 불상사로 북한 여행이 전격 취소가 된 뒤 이번에 성사가 되었다. 나는 뱃멀미가 아주 심한 편이어서 선박을 이용하는 여행은 피하는 편이라 고등학교 수학여행에도 참가하지 못했었다.
　지난번 대마도 여행도 뱃멀미로 고생을 많이 했었다. 그러나 후배들과 함께하는 여행이어서 사뭇 기대되었다. 여행은 준비하는 과정의 하나인 여행 가방을 열었다 닫았다 하면서부터 시작된다고 생각한다. 이번에도 2박 3일 일정의 간편 배낭을 꾸리고 집을 나섰다. 짧은 장마가 끝나고 본격적으로 무더위가 지속되는 날, 포항으로 향했다. 포항이라는 이정표가 보이는 시점부터 내 몸은 벌써부터 뱃멀미의 불편함이 연상되기 시작했다.

  다음 날 아침 배를 타려고 포항 여객선 터미널로 가는 길이 아침부터 끓어오르는 열기 못지않게 가슴이 타들어 갔다. 굳을 대로 굳어버린 표정을 보고 후배가 안타까운지 약을 준비해 주면서 한마디 했다.

  "형님! 오늘 바다가 너무 평온하고 잔잔하니 멀미 걱정하지 않아도 됩니다." 그 말 한마디가 얼마나 위로가 되는지 뱃멀미를 하지 않는 분들은 모를 게다. 후배들의 배려가 여러모로 고마웠다. 썬플라워호(2,394t)에 탑승하고 보니 배 앞쪽에 자리가 배정되어 있었다. 그나마 참으로 다행이었다. 배는 출발 소리와 함께 바다를 미끄러지듯 달려갔다.

  출발한 지 30여 분 정도가 지나도 배가 흔들림 없이 가는 것을 보니 안심이 되었다. 창밖에는 저 멀리 수평선과 잔잔한 물결만 보일 뿐 지나가는 배나 어선 한 척 보이질 않았다. 어느덧 3시간 10분이 지나 뱃멀미 없이 상쾌한 기분으로 울릉도에 도착하여 첫발을 내딛는 순간, 가슴까지 시원스러웠다. 날갯짓으로 바닷냄새를 분산시키는 갈매기 떼가 우리 일행을 맞아주었다.

곧바로 울릉도 순환버스 관광을 하기로 했다. 버스 기사가 반가운 듯 인사한다. '오늘은 바다에 장판을 깔아 놓아서 고생 안 하시고 오셨으니, 오늘 입도한 분들은 즐겁게 여행하시기를 바란다.'라고 했다. 울릉도 주위를 순환하면서 오래전 화산활동 지역인 나리분지까지 갔다가 되돌아오는 것으로 오늘 일정이 마무리되었다.

여행지의 볼거리와 자연환경이 우리의 가슴으로 스며들었을 뿐만 아니라 도로 주변 낙석이 많이 떨어지는 지점에는 피암터널이 만들어져 있었다. 낙석으로 인한 사고방지를 위한 터널로 바다 쪽 경관을 구경할 수 있도록 한쪽 면을 기둥으로 세워두었다. 이 피암터널을 보니 오래전에 스위스, 알프스 산맥을 넘어갈 때 주변 경관의 아름다움과 터널 모양이 떠올랐다.

TV 퀴즈 프로그램에 '울릉도에 신호등이 있습니까?'라는 문제가 나온 적이 있었다. 정답은 울릉도에 2개의 신호등이 있다는 것이었다. 통구미 터널과 남통 터널 입구에 있는 신호등을 말한다. 이 터널들은 1차로 구조여서 반드시 정지선에서 신호를 확인한 후에 터널에 진입해야 한다고 한다.

한 유명 가수가 주변 경치에 매료되어 이곳에 정착한 뒤 사재를 울릉군에 기탁하여 주변을 공원화했다는 울릉 천국을 방문했다. 옛날 러시아 발틱함대 소속 철갑 순양함인 드미트리 돈스코이(Dmitri Donskoii)호는 1905년 러일 전쟁 때 일본군의 공격을 받고 울릉도 저동 해상 인근에 침몰한 적이 있는데 그 배를 인양한다는 현수막이 저동 일대에 걸려 있었다.

지난번 지방선거 당선 감사 현수막과 함께 어깨를 나란히 하고 있었다. 이 배는 금화와 금괴 등 150조 원 규모의 보물이 실려 있다고 알려진 보물선으로 인양 소식이 최근 뉴스에 많이 등장하고 있다. 울릉도가 세상의 주목 받을 듯하다.

여행 중 재밋거리는 뭐니 뭐니 해도 그 지역의 먹거리를 맛보는 일이다. 우리는 몸에 좋은 먹거리를 찾았다. 문어, 전복, 가리비, 소라, 조개에 닭이 함께 어우러진 '해계탕'을 그야말로 게 눈 감추듯 먹고 난 뒤 배부름을 호소하며 즐거운 한때를 보냈다.

'텔레비전 방송과 사진에서만 보았던 섬, 독도! 죽기 전에 꼭 한 번 가야 할 내 나라 섬, 독도! 처음이자, 어느 때 다시 찾아올지 모르는 섬, 독도! 분쟁으로 얼룩진 섬, 독도!'를 직접 밟을 수 있다는 기대 속에 다음날 독도를 만나기로 했다.

3대가 덕을 쌓아야만 독도에 들어갈 수 있다는 말을 들으며, 독도행 엘도라도호(668t)에 탑승했다. 누가 시키지도 않았는데 방문하는 모두의 손에는 건곤감리乾坤監理가 들려 있었다. 울릉도에서 동남쪽 독도까지 87.4Km, 1시간 30분이 소요되었고, 독도에 도착하여 이곳저곳 눈여겨보는 시간이 30분 정도였다. 더 머물고 싶어도 뱃고동이 재촉하니 아쉬움만 남았다.

한편으로는 마음속에서 울화통이 터질 듯했다. 우리나라 영토를 자기네 것이라고 궤변을 일삼는 일본인들의 작태가 가상치도 않다는 생각이 들었다. 이사부 장군의 호통 소리가 바람결에 와닿는 것 같았다. 아쉬운 마음에 선박회사나 관계 기관에 호소하고 싶었다. 짧은 입도 시간으로 인증사진 촬영 외에는 특별한 게 없어 아쉬움만 컸다.

외국의 갈릴리 호수에서도 한국인들이 목선에 오르면 선원들이 태극기 게양과 애국가를 들려줌으로써 국가 사랑의 감회가 감돌았는데, 우리 땅! 독도 이곳에 '애국가' 와 '독도는 우리 땅'이라는 노래가 울렸으면 좋으련만…. 새삼스레 나라 사랑의 마음과 독도 사랑을 가슴에 간직할 수 있기를 바라는 마음 간절해진다.

성묫길 즐거움

　오늘은 민족 고유의 추석 명절 아침이다. 서둘러서 성묫길을 재촉했다. 올해는 가족이 다 함께하기로 했지만, 딸아이의 근무로 인하여 아들과 셋이 조상 묘역을 방문하였다. 일찍 출발해서 그런지 어느 해보다 성묫길이 한가로운 편이다. 조상들이 잠든 선영은 진안군 주천면 남정리다. 조상 묘역을 1주일 전에 일가친척들과 함께 깨끗이 벌초하였다.
　매년 반복하는 일이지만 사촌 형이 항상 모든 일들을 처리함으로 올해도 즐겁게 벌초를 한 뒤에 조상들께 약주 한 사발씩 올려 드린다. 그런지 한 주가 지난 뒤 성묘를 위해 명절날 아침 다시 찾았다. 조상 묘역에서 경건하게 예를 갖추고 묘역 주변을 둘러보면서 조상들의 은덕을 깊이 새기고 미래 후손들의 안녕을 기원하고 돌아왔다.

돌아오는 길에 충남 금산에 들려 인삼 축제 행사에 참석하여 많은 볼거리도 누리고 즐길 겸 인삼 축제 현장을 방문하였다. 하지만 10월 초에 행사가 진행된다기에 아쉬움을 뒤로 하고 대둔산 쪽으로 향했다. 대둔산 휴게소에서 점심을 마치고 보니 그곳에 익스트림 스포츠 일원인 짚라인이 설치되어 있어 아들과 나는 짚라인에 도전하기로 하였다.

우리나라에 소개된 익스트림 스포츠는 여러 종류가 있는데 그중에 번지 점프와 짚라인이 관광지에 많이 설치되어 있었다. 오늘 도전한 집라인은 6년 전에 설치가 되었다고 하는데 관심 밖이어서 그런 시설이 있는 줄 몰랐다. 대둔산 짚라인 캠핑장은 총길이가 2,874m로 5개 코스로 나누어져 있는데 1.2.3번 코스는 다양한 난이도에 따른 적응 연습 코스로 운행이 된다. 그중 5번 코스는 1,377m로 단일코스로는 세계 최장코스로 개발되어 있었다.

일명 '차마고도 코스'로도 불리고 있는데, 이 코스가 메인 코스로서 최고의 희열감을 느끼는 구간이다. 현재 운행코스는 1.2.3.5코스를 운행하고 있었으므로 아들과 함께 짚라인 표를 구매했다. 1인당 경비가 오만 오천 원으로 비싼 듯했지만 즐겁게 도전해 보기로 하였다.

장비를 꼼꼼히 챙긴 뒤, 주의 사항과 기본교육을 마치고 철탑 타워에 올랐다. 이 짚라인 철탑 타워는 15m 높이지만 출발 선상은 11m 지역에서 코스별로 진행하였다. 코스는 모두 5개 코스지만 하계 코스는 1.2.3.5번 코스로서 동계 코스와 구별이 되었다. 철탑 타워를 오르는데 오르면 오를수록 아찔함을 느꼈지만, 마음 한번 다짐하고 순서를 기다렸다.

앞서 출발하는 팀들의 비명과 아우성이 두려움과 긴장감을 들게 했다. 곧바로 우리 차례가 왔다. 섬뜩하고 묘한 기분이 들었으나 한편으로는 재미가 있어 보였다. 먼저 아들이 비명과 함께 출발 했다. 다음은 내 차례다. 두려웠지만 처음 짚라인은 약 40초 정도 진행된다고 하니 그나마 다행이었다.

마음속으로 40초를 새기며 긴 호흡을 한번 머금고 힘차게 출발했다. 순간 쇳소리가 귓전을 울리면서 내려가는데 시원함과 짜릿함으로 참 재미 있었다. 그야말로 순식간에 1번 코스 296m를 지났다. 다시 2번 코스 334m 출발 선상에 섰지만, 이제 두려움은 없어진 듯하였다. 모두 잘도 뛰어내린다.

우리 앞 조의 어르신은 나이가 지긋하신 분인데도 짚라인을 즐기시는 분이었다. 짚라인을 타면서 직접 핸드폰으로 동영상을 촬영하는 걸 보니 우리 중 최고로 즐기시는 열정적인 분인 것 같다. 그 모습을 보노라니 나도 덩달아 재미가 솟구쳐 올랐다. 다음 3번 코스 625m는 이제 스스로 진행 되는 것이 느껴질 정도다.

기본교육 받을 때 교관이 3번 코스에서는 모두 간덩이가 커져 있는 것을 보게 된다는 말이 아주 적절한 표현인 것 같다. 이제 마지막 5번 코스 1,377m는 단일코스 중 세계 최장코스로 불리는 짚라인 코스다. 모두 적응이 잘 됐는지 비명도 없이 웃으면서 힘차게 내려간다. 나도 엔도르핀이 펑펑 쏟아지는 것처럼 느껴진다.

짚라인 선상에서 저 멀리 대둔산 경치, 구름 한 점 없는 맑고 파란 하늘, 발아래 쪽 무성한 숲, 그 아래 있는 호수도 참 아름다웠다. 귓전을 휘감는 바람 소리가 마치 바이올린을 연주하는 것처럼 감미롭게 들려왔다. 이 마지막 코스의 짚라인은 온갖 생각을 다 떠오르게하고 눈앞에 아름다운 경치가 훤하게 펼쳐 보였다.

순간 아쉬움이 앞선다. 오색 단풍과 흰 눈 덮인 계절에 대둔산 짚라인을 타고 단풍과 설경을 보았으면 얼마나 좋을까! 하는 여유와 욕심이 구름처럼 떠오른다.

3
나눔과 사랑

---•---

갈라디아서 5:22-23

"그러나 성령의 열매는 사랑과 희락과 화평과 오래 참음과 자비와 양선과 충성과 온유와 절제니 이 같은 것을 금지할 법이 없느니라."

보람과 즐거움
— 베트남 호치민 벤째성 의료봉사 ①

호텔 창밖은 어둑어둑하지만, 정겨운 소리가 들렸다. 새벽 벤째성 "꼬끼오" 소리였다. '저 소리는 옛날 옛적 소리인데', 귀와 눈도 열렸다. 얼마 만에 듣는 소리인가?

아침 경건 기도 시간과 식사를 마치고 의료봉사 현지마을을 향하는 버스 밖 풍경은 설날이 얼마 남지 않아서 그런지 거리마다 물건들이 풍성했다. 전통적으로 중국 영향을 받아 음력을 사용하며 이에 따라 설날이 가까워 거리와 시장이 활기를 띠고 있었다.

호치민 벤째성은 메콩강 삼각지대로 야자와 코코넛 농장이 많았다. 거리 곳곳마다 야자나무와 각종 열대과일로 입에서는 침이 고이고 눈은 호강했다. 대형 버스는 도로가 좁아 일행은 소형차량으로 현장에 도착하였다. 많은 의료가방과 상자를 머리에 이는 사람, 가슴에 한 아름 안은 사람, 캐리어를 끌고 가는 사람, 무거운 상자를 합심하여 들고 가는 사람 등 각양각색의 짐들을 옮기는 모습들이 이채로웠다.

우리의 목적지인 모까이 남면 빈칸동면 보건소에 도착했다. 첫날이라 그런지 진료 시작 전부터 어수선하다. 이번 의료봉사팀 통역 자매 이름인 '에라'가 떠올랐다. 곧바로 안정을 되찾고 진료가 본격적으로 진행되었다. 다행스럽게도 베트남 보건소 직원들이 주민들의 주요증상을 확인해 주어 많은 도움을 받았다.

나는 사전 주임무가 환자 안내였으나 직접 환자를 접하는 혈압, 체온, 진료과 분류하는 접수팀에 긴급 지원을 하게 되었다. 매월 국내 의료봉사를 같이하시던 연세 많으신 정 장로님께서 환자 첫 대면 하는 모습이 노익장을 과시했다. 아내는 약제팀을 담당했다. 목사님을 비롯한 모든 대원의 진지한 모습에 무더위는 저만치 물러갔다. 우리의 영원한 마스코트 예담이와 어린이 대원은 진료 중인 대원들을 대상으로 아동 타투스티커 붙임이 역할을 하며 무더위를 잊게 하는 청량감을 선사했다.

진료는 내과, 피부과, 한방1과, 한방2과로 분류하여 오전에 70여 명을 진료했으며, 이·미용팀과 준비한 옷 나눔, 쌀 나눔, 집짓기 봉사가 진행됐다.

이른 점심으로 한국에서 준비해 온 떡국으로 현지 직원들과 같이 식사했다. 보건소 측에서 메콩강에서 잡은 왕새우를 삶아 와 1인당 2~3마리씩 맛있게 먹었다. 직원들의 노고에 찬사를 보냈다. 잠깐 휴식을 취하고 오후 진료가 시작되었다. 아동들이 학교에서 수업 종료 후 진료소를 방문했기에 진료소 안팎이 아이들 소리로 시끌벅적했다.

무더위 속에 오후 진료가 본격적으로 진행되다 보니 어느덧 진료의 끝자락이 보이기 시작하여 오후 4시에 진료가 종료되었다. 다른 장소에 예정되었던 집짓기 행사를 끝낸 봉사대원들이 돌아오자, 다음 행사가 준비 중이다. 쌀 나눔 행사였다. 본 행사 전, 젊은 당서기와 관계자들이 환영사를 했으며 이에 목사님은 답례사와 준비된 선물을 전달하자 당서기도 현지 열대과일로 답례했다.

베트남 청년연맹 단체장의 호명으로 100여 명의 주민들에게 쌀 20kg씩을 전달했다. 많은 주민이 명절맞이용 식량을 지원받았다. 말은 통하지 않았지만, 그들이 고마워하는 표정을 읽을 수 있었다. 오후 진료 시작 전에도 어느 주민은 사탕수수 음료 두 잔을 준비해서 알아들을 수 없는 말과 웃음으로 진료에 감사함을 표하는 선한 얼굴을 보였다.

현지 선교사님의 통역과 해설 속에 더 많은 벤째성의 현실을 온몸으로 느꼈다. 오늘 예정된 의료봉사 일성이 170여 명의 진료로 막을 내렸고 주민들의 환대 속에 피로감이 사라졌다. 그들의 맑은 표정, 밝은 미소와 반짝이는 눈빛 속에서 내일의 베트남을 엿볼 수 있었다.

봉사 일정 동안 AFC U23 축구 경기가 이웃 나라 태국에서 진행되고 있었다. 베트남과 요르단의 축구 경기를 핸드폰과 TV 중계방송을 보는 젊은이들의 모습에서 박항서 감독의 위상을 확인할 수 있었다. 어찌하여 그들은 박 감독에게 열광하는 것일까? 남녀노소 그들이 엄지를 치켜세우는 이유를 나름 느낄 수 있었다.

그들의 엄지척에 하루 분량 다이돌핀이 샘솟는다. 저녁 식사 후 목사님께서 오늘의 감사와 노고를 과일로 섬긴다는 말에 선교사를 비롯한 일행은 주변 야시장을 방문하여 각종 열대과일을 맛보는 시간을 가졌다. 눈에 들어오는 과일마다 저 과일은 무슨 맛일까? 이것저것 다 맛보고 싶었다. 우리는 시간 가는 줄 모르고 맛을 즐기고 있다.

여러 가지 과일을 맛보니 신선하고 입이 즐거웠다. 내심

과일값도 걱정이 됐지만 시원한 메콩강 밤바람을 맞으며 달콤한 즐거움과 웃음소리가 주변 바이클 소리를 압도했다. 내일의 일정도 주님과 함께, 오늘보다 더욱 내일을 약속하는 기도 속에 첫날의 봉사 일정이 마무리되었다.

나눔과 사랑
― 베트남 호찌민 벤째성 의료봉사 ②

아침 해는 한국보다 두 시간의 시차로 늦게 떠오른다. 오늘도 어제와 같이 아침 경건 예배와 조식 뒤 바쁘게 버스에 올랐다. 오늘은 의료봉사 2일 차로 모까이 남면 안탄동면 보건소로 갔다.

보건소 앞마당에 의료봉사 현수막을 설치하고, 의료 상자를 팀별로 분류하는데 어제와는 사뭇 다르게 모두들 신속히 자신의 업무를 잘 챙기며 진행되었다. 전날보다 진료 준비가 신속했다. 팀별로 짧은 기도 속에 진료가 시작되었다. 오늘도 보건소 직원들이 접수팀에서 활동 하며 여러모로 도움이 되었다.

접수팀을 도와주는 직원들은 젊은 미인들로 구성되었다. 그중 한 분은 24세이며 아이가 있다고 했다. 또 한 분은 한국문화에 관심이 많고 한국 연예인을 좋아하는지 핸드폰을 보여주는데, 보여주는 사진마다 나는 알 수 없는 아이돌들이었다. 나는 솔직히 한국 아이돌인지, 베트남 아이돌인지 분간도 못했다.

오늘 아침 날씨는 어제와 비슷하게 섭씨 24도였지만 한낮은 34도까지 오르며 가슴과 등에서 땀이 흘렀다. 간간이 냉커피와 사탕수수 음료로 무더위를 달래지만 대원들이 얼굴이 붉게 달아오르는 기색이 역력했다. 그래도 이국문화를 접하며 맛깔나는 대화 속에 열심히 봉사하고 있다. 저 멀리서 화보를 담당하는 서OO 집사님의 카메라 소리도 요란스러웠다.

어느덧 오전 진료가 끝나고 점심은 한국식 국수가 나왔다. 현지 직원들도 한국식 국수로 점심을 같이했다. 그들의 국수와는 다를 텐데 뜨거운 국수를 입으로 후후 불어가면서 후루룩거리는 소리로 보아 그들의 입에도 잘 맞는 듯싶었다. 다행이었다. 한편에서는 선물로 받은 과일을 준비하고 있었다.

오늘도 과일을 맛있게 먹고 잠시 쉬는 시간에 주변 마을을 둘러보았다. 보건소 건너편에 이발소 같아 보이는 곳으로 일행 중 넉살 좋은 정OO 집사님이 그 집을 방문하여 사진도 촬영하고 과일도 받아왔다. 청년대원들은 마을 저만치 둘러보고 돌아오는 길에 슈퍼에 들러 빙과류를 입에 물고 나왔다. 그런 모습을 보니 내가 어렸을 때 여름철 아이스케끼를 빨아먹던 모습이 떠올랐다. 어느 집에는 병아리가 상자에 가득했다. 삐악거리는 병아리를 보니 옛날 봄이 되면 시장에서 병아리를 여러 마리 사다가 상자 안에서 길러 어느 정도 성장하면 닭장에 넣어 키우던 일들이 떠올랐다.

현지 주민들의 삶이 우리의 70년대 초반 생활상과 비슷했다. 오후 진료가 시작되자 어느 곳에서 오는지 순식간에 많은 환자로 분주했다. 마을 주변에는 사람들이 눈에 보이지 않았는데 말이다. 무더운 날씨인데도 불구하고 긴 옷에 목단추까지 채우고 오시는 분들이 많았다. 예를 갖추는 것인지, 몸이 불편해서인지, 표정들은 진지했다. 어느 분은 화장도 하고, 목걸이를 착용 하신 분도 있었다. 멋쟁이 할아버지도 있는 것으로 보아 이 마을은 어제 봉사한 마을보다 부유층 마을인 듯했다. 옷 모양새를 보아 빈부의 차이를 간접적이나마 엿볼 수 있었다.

전날과 같이 예정대로 목사님을 비롯한 몇몇 분들이 집짓기 행사에 참여하고 돌아오니 쌀 나눔 행사가 준비 중이었다. 늦게 오시는 환자분들로 인해 끝냈던 진료를 황급히 다시 마련하는 일이 발생했지만, 누구나 반기는 모습에 오히려 베트남 직원들이 감사 인사를 전했다. 앞마당에 쌀가마니가 수북이 준비되었다. 행사가 진행되고, 선물을 증정하니 답례로 열대과일을 주었다. 내일 점심때도 입이 즐거울 수 있겠구나 싶다.

 의료봉사 일정 중 많은 사람이 참여하는 인기 행사인 쌀을 일일이 나누어주고 모든 행사가 끝나자, 버스가 도착했다. 이들은 저마다 아쉬운 작별 인사를 나누고 기념사진을 촬영했다. 아내와 나도 접수를 도와줬던 젊은 분들과 함께 기념사진을 찍었다. 호텔에 돌아와 저녁을 하고 난 뒤 장로님께서 열대과일을 섬기신다고 하여 우리는 메콩강변에서 기다리고, 몇 분이 야시장에 가서 여러 종류의 열대과일을 사오셨다.

 어제의 과일도 맛이 있었는데 오늘은 과일을 당도별로 맛을 보니 어제보다도 더 맛이 있었다. 그 많던 과일들이 순식간에 없어졌다. 배부르고 따뜻하면 행복이 넘치는 것인지라 호텔 잠자리가 편안했다.

응원과 함성
— 베트남 호치민 벤째성 의료봉사 ③

오늘은 의료봉사 마지막 날이다. 좁은 길로 버스가 진입하지 못하자 각자 알아서 짐들을 착착 나누어 들고 모까이 남면 딘투이 마을 보건소로 향했다. 마지막 의료봉사 현수막을 보기 좋은 장소에 설치하고 진료 지원에 나섰다. 전날 마을보다 진료 환경이 더 좋아 보였다.

일정상 오늘은 많은 환자가 예상되었다. 어제와 같이 현지보건소 직원들의 도움을 받았는데 오늘은 젊은 남성이 함께 혈압검사를 도와주고, 순간마다 통역을 해주는 눈치 빠른 젊은이었다. 그는 결혼했다며 아내와 아들 사진을 핸드폰으로 보여주었다. 아내와 아이가 미인이고 귀엽다는 말에 입이 귀에 걸렸다. 이렇듯 칭찬은 전 세계 어디에서나 기쁨과 천사의 언어인가 보다. 모 권사가 아동 팀에서 준비한 사탕 목걸이를 여러 개 선물로 나누어 주니 놀라는 눈치다. 아들 친구 선물용이라니 고개를 끄덕였다.

오후 일정상 봉투 비빔밥으로 이른 점심과 보지 못했던 열대 과일을 먹고서 오후 진료를 30분 정도 일찍 시작했다. 이에 현지 의료진도 보조를 맞추어 주었다. 여기서 한국식 빨리빨리가 통하여 짧은 시간에 192명의 환자를 진료했다. 오늘 일정은 이번 의료봉사 중 세 채의 집을 짓기로 한 마지막 집짓기 행사에 모든 대원이 현장을 방문하여 집주인에게 증서를 전달하는 행사에 참석하는 날이다.

현지 TV 방송국에서 취재한다고 취재 차량이 오는데 오토바이 뒤에 일제 카메라를 묶어서 싣고 오는 모습이 어찌 좀 이상했다. 집 주변은 야자수가 많은 농장처럼 보이는 곳으로 집터는 운치가 있었다. 집 한편에 집주인 성명과 바울교회 명이 선명하게 새겨진 현판을 보고 가족들과 우리 일행도 기쁨이 넘쳤다. 우리도 할 수 있고 해냈다는 자부심을 느꼈다.

행사에 참여한 베트남 측 내빈과 우리 측 귀빈들이 소개되고 청년연맹 고위 간부들과 기념사진을 촬영하고 일정을 마무리 지었다. 오늘 행사는 집짓기 마지막 행사인 만큼 현지 TV 방송국에서 취재하여 의료봉사 일정을 베트남 방송에 뉴스로 소개한다는 것이다. 선교사님에 의하면 베트남 방송에 방송되면 방송분을 한국으로 보내주겠다고 하여 모두 함성과 기쁨의 손뼉을 쳤다. 집주변이 이색적인 야자수가 많은 길이라 모두 멋진 모양대로 개인 사진을 이곳저곳에서 촬영하고, 버스에 오르는 발길이 매우 즐겁고 평안해 보였다.

　이번 의료봉사 일정을 공항에서부터 마지막 봉사까지 지켜보고 아낌없이 지원을 해주었던 청년연맹 고위직 간부가 고맙다는 인사를 젊은이답게 목청껏 인사를 하고 내려갔다. 이렇게 해외의료봉사 일정을 모두 마쳤다.

　오늘 저녁 식사는 외식이다. 벤째성 밤거리를 버스로 이동하는데 도로가 매우 복잡했다. 이유인즉 벤째성 출신 국회의장이 기념행사차 방문하였뿐 아니라 저녁에 베트남과 북한이 축구 경기가 있는 날이라 거리 응원을 펼치는 것 같았다. 우리는 베트남식 식사를 하면서 간단하게 진료별 어려운 점은 없었는지 총평하고, 글로벌 비전 회장님과 선교사님께서 이번 봉사활동의 의미와 앞으로의 계획 및 봉사 규모에 감사하다는 인사를 하고 즐거운 식사를 마쳤다.

　TV에서는 베트남과 북한의 축구 시합이 한창이었다. 우리도 축구 경기를 시청했다. 당연히 화제는 베트남을 응원할 것인가, 북한을 응원할 것인가 였다. 이때 어느 청년이 재치 있게 "나는 박항서를 사랑합니다!"라고 대답한 순간, 베트남이 골을 넣었다. 이곳저곳에서 함성이 들리고 불꽃과 폭죽이 터졌다.

 우리도 한때는 이렇게 축구에 열광했을 때가 있었는데 그게 언제였던가? 나도 종합경기장, 덕진연못 등에서 응원했었는데 이를 되뇌며 호텔로 돌아와 보니 안타깝게도 베트남이 역전패했다는 것이었다. 나도 박 감독을 응원했는데 참으로 아쉬웠다. 우리는 바람 부는 메콩강 변 야경을 구경하고 내일 일정을 위하여 짐을 정리했다.

의료봉사의 의미
— 베트남 호찌민 벤째성 의료봉사 ④

오늘은 베트남 일정 마지막 날이다. 호찌민으로 이동하면서 주변 관광을 하기로 하여 느긋한 아침을 맞았다. 전날 벤째성 출신 현직 국회의장의 방문으로 인한 보안 문제로 경건 예배 없이 조식을 마치고 버스에 올랐다.

우리는 메콩강 변 관광지에서 배를 타고, 넘실거리는 메콩강 유역 썬타이섬을 방문하여 각종 베트남 식품 및 베트남 민속 노래를 들을 수 있었다. 또한 야자수 사이를 앞뒤에서 노를 젓는 길쭉한 쪽배를 타고 섬으로 들어올 때 탔던 배까지 이동하여 배에 승선했다. 이 섬에서 월남전 사상 최대의 격전지였다는 소리를 들었다. 그동안 수많은 전쟁영화가 월남을 배경으로 탄생했지만 내가 보았던 영화의 스크린 장면이 생생하게 기억 속에서 살아났다.

고속도로를 이용하여 호찌민으로 이동하는 차창 밖의 수많은 바이클과 자동차가 뒤섞여 있는 도로는 매우 무질서해보였지만 그 속에 질서가 보였다. 호찌민은 구도시와 신도시로 구별된다. 신 호찌민은 국제 도시다운 위용을 자랑하는 인구 1,000만이 넘는 대도시로 성장했다. 우리는 쇼핑단지를 방문하여 베트남 커피를 구입하고, 아내는 사이공 스페이스를 아이쇼핑 하면서 최신 짝퉁백을 구매했다.

베트남의 마지막 날은 프랑스식 베트남 고급 식당에서 저녁 식사를 했다. 그동안의 외식과는 달랐으며, 모두 고급 식사에 즐거움이 넘쳤다. 공항에서 짐을 정리하는데 일행 중 핸드폰과 소형백을 분실하는 소동이 벌어져 당황했다. 다행히 비행기 출발이 지연되어 무사히 모든 분실물을 되찾아 전 대원이 환한 미소를 지었다. 출발이 임박한 긴 행렬 속으로 들어가면서 4박 6일 베트남 벤째성 해외 의료봉사를 주님의 인도하심과 보호 속에 마무리하고 인천 국제공항에 도착하니 그동안 소식이 없던 핸드폰이 더욱 반겼다.

박 목사께서 직접 운전하여 무사히 교회에 도착했다. 가족들과 부목사, 장로들의 귀환 환영에 감사함을 느꼈다. 그러나 교회 도착 후 해외 의료봉사팀 마무리가 없는 귀가 행렬은 어색했다. 현지에서 매일 밤 계획했던 평가시간이 이루어지지 않았을 뿐 아니라 최종 마무리 없이 헤어지는 게 안타까웠다. 매일 아침 식전 경건 예배 시간을 가졌으면서 오후에 평가시간이 없다는 것은 알파와 오메가를 말씀하시는 목사님 기도 내용과 행하는 모습이 상반되어 아쉬웠다.

그동안 많은 준비 관계로 봉사하기 전에 힘을 소진했는지, 현지 일정 및 상황이 변변치 못했는지 옥에 티 같았다. 아내가 해외 의료봉사 회계를 맡았으므로 해외 의료봉사 대원들에게 결산 및 뒤풀이 일정을 이야기하며 다음을 약속한 것이 그나마 다행이었다.

나는 이번 해외 의료봉사가 어떠한 의미가 있었을까 생각해 보았다. 교회 38년 역사에 담길 제1회 해외 의료봉사에 모두가 피와 땀으로 역사를 써 놓은 것이며, 다음에 시행될 해외 의료봉사를 위한 지침이리라. 또한 의료봉사를 통한 전도의 수단, 개인적 영혼의 구원, 예수님 사랑 전달, 바울의 의미대로 낮은 곳에서 그들을 섬겼는지, 가진 자로서 누리지는 않았는지, 단지 육체적인 수고에 대한 나만의 위안으로 끝나지는 않았는지, 단순히 의약품을 제공하는 차원에서 소모적인 활동으로 끝나지 않았는지, 눈에 보이지 않게 이런저런 일들을 슬기롭게 해결하는 인간의 참 모습, 육신의 피로는 영혼을 좀먹는다는 것을 곱씹고 생각하면서 기도와 나만의 회개를 통해 봉사의 의미를 다시 한 번 되새겨 보았다.

NGO 단체인 글로벌비전과 바울교회 의료봉사대원 모두가 3일 동안 베트남 호치민 밴째성, 안탄동면, 빈칸동면, 단투이면 등 3개 마을에서 사랑의 인술을 베풀었음에, 단지 의료봉사의 의료라는 테두리만 적용해 보았을 때 기술적인 면에 불과할 수 있다. 하지만 가난하고 소외된 자들에게 사랑의 쌀 나눔과 집짓기를 통하여 그 가치가 빛을 발할 수 있었다.

집에 돌아와 바라본 밤하늘에서 반짝이는 수많은 별 사이를 깜박이며 지나가는 비행기 행렬이 이어지는 것을 보았다. 동시에 베트남 의료봉사 여정이 영화처럼 빠르게 스쳐 지나갔다.

멈춤 없는 손길

오늘은 양력 2월4일, 주일이자, '입춘대길 건양다경 立春 大吉 建陽多慶'의 입춘첩立春帖을 대문과 기둥, 들보, 천정에 붙인다는 입춘 절기다. 아침 풍경은 밤새 내린 눈으로 산수화 한 폭 같다. 칼바람에 나뭇가지의 눈까지 덩달아 춤을 춘다. 봄을 알린다는데 그야말로 입춘 추위에 장독 깨진다는 옛날 어른들의 말씀이 생각나는 영하의 날씨다.

오늘은 예배 후에 아내와 함께 의료봉사 가는 날이므로 분주할 것 같다. 오늘의 의료봉사팀과는 처음이다. 낯설지만 반갑게 맞아주는 분들이 있어 즐거운 봉사 시간을 보낼 듯싶다. 의료봉사 준비 물품 보따리가 제법 많은 것을 보니 봉사활동의 규모가 짐작된다. 전북 순창군 풍산면 풍산로에 있는 오산교회를 찾았다.

넓은 들판 한낮의 햇빛이 드리우는 마을 한편에 1970년에 새워진 산뜻하고 아담한 교회였다. 나이 많은 교회 성도가 의료봉사팀을 맞이했다. 이미 선발대가 준비해 놓고 기다리고 있었다. 목사와 장로의 기도 말씀으로 진료가 시작되었다. 의료봉사팀은 내과, 외과, 한방, 약제, 이·미용. 찬양과 선교팀으로 구성되었다.

현지 교인 간호사(보건소)와 같이 활동하니 손길이 한결 가벼웠다. 나의 역할은 진료지원과 틈틈이 전도 말씀 전하는 것과 어르신들의 안내와 교제가 주임무였다. 아내를 비롯한 봉사자들이 모두 열정적이었다. 진료 풍경 또한 시끌벅적하고 웃음꽃이 만발했다.

'저 할매는 벌써 주사를 맞는데 나는 언제 되느냐?'며 수건을 머리에 여러 겹 두르고 기웃거리며 ○○어매를 부르시는 분, 처방 쪽지를 들고 왔다갔다 하시는 분, 주사를 빨리 놓아달라는 분, '내 차례는 언제다요'라며 보채시는 분, 그러한 분들을 어르고 달래는 봉사자들, 이런 일 저런 일로 야단법석이었다.

예배당 분위기도 이렇게 혼잡한 열기가 또 있었을까 싶다. 어느덧 시간은 널뛰기했는지 오늘 의료봉사의 끝머리가 보였다. 의료 봉사팀에는 특이한 분들이 많다. 연세가 드신 여성인데 현직 여자 목사다. 목사는 항상 함께하시는 고정 요원이라고 한다. 알고 보니 전직 간호사 출신이신데, 몸소 소외계층과 고통에서 힘겨워하는 세상의 어른을 가슴으로 안으시는 한국의 테레사 수녀 분신인 것 같다.

그리고 또 한 부부, 그 팀은 찬양하는데 찬양 소리가 예사롭지 않았다. 그분들은 기타와 하모니카로 찬양한다. 알고 보니 대학 시절에 젊은이의 향연인 강변가요제에서 수상하신 분으로 봉사팀의 〈도·미·솔〉이다. 기품 있는 찬양 소리에 믿음 없는 분들도 얼굴에는 웃음 가득, 치아는 듬성듬성해도 손뼉은 '짝짝' 잘 맞추시는 것을 보니 젊었을 적 한가락 하신 게 분명했다.

이 모습 속에 우리 민족이 얼마나 풍류와 가락을 즐길 줄 아는 문화 민족이었는지 알 수 있었다. 때로는 감미롭고 아름다운 화음의 찬양 소리에 한 어르신은 좋은 일로 생각이 많으신지, 졸음을 쫓는 것인지 눈을 지그시 감고 감상하고 있다. 이분들은 한결같이 거친 손마디에 얼굴에는 세월의 흔적이 가득하지만, 입가에는 엷은 미소가 그려져 있다. 넌지시 이런 모습을 바라보는 내 가슴에도 흐뭇한 울림이 전파되었다.

한편으로는 오늘의 끝맺음을 알리는 저녁 식사가 준비

중이다. 식사 중에도 장로님은 흡족한 부분과 부족한 부분은 없는지 뒤돌아보고 평을 간결하게 하셨다. 나도 의료봉사 팀원의 일원으로서 작은 보람을 느꼈을 뿐만 아니라, 함께해서 더 행복한 동행의 하루였다. 특별히 의료봉사팀을 위하여 편의를 제공해 주며 이런저런 모습으로 도움을 준 오산교회 성도들과 함께 기도로 마무리했다.

돌아오는 버스길에 어느 분이 "모두 바울 천사들이었걸랑!"이라는 어눌하고 톡 쏘는 멘트에 웃음 소리가 하늘 위에 펼쳐지는 불꽃놀이처럼 울려 퍼졌다. 바울 의료봉사팀도 입춘첩 같이 '입춘대길 건양다경' 하기를 소망해 본다.

* 입춘대길 건양다경 立春大吉 建陽多慶: 봄이 시작되니 立春 크게 길하며 大吉 좋고 경사스러운 일이 많이 생기기를 建陽多慶 기원한다. 는 뜻이다.

맑은 눈망울들

 태풍과 극한 폭우가 휘몰아치며, 많은 이들의 소중한 재산을 앗아갔다. 그로 인해 평화롭고 행복했던 사람들은 이재민으로 전락하고 말았다.
 일상적인 삶의 질서는 무너지고, 그 속에서 우리는 종종 시간을 새롭게 엮어내야 한다. 우리라고 예외일까. 오래전에 세워둔 의료봉사 계획이 긴 장마로 연기되다가 마침내 장도壯途에 올랐다. 그동안 비를 잔뜩 담았던 구름, 그 사이로 파란 하늘이 비쳤다. 부서진 구름이 하늘을 내보이자, 우리도 끊어진 시간을 이을 수 있었다.
 새벽 5시, 어깨를 누르는 무더위의 무게가 만만찮다. 겉잠도 잠시, 바다 냄새가 우리를 맞이한다. 끈적끈적한 열기가 온몸에 엉겨 붙어 도대체 아침 기운을 느낄 수 없었다. 그래도 육지에서 좀처럼 만날 수 없는 것들, 수평선과 갈매기 그리고 등대와 뱃고동 소리…. 이런 것들이 더위의 무게를 덜어냈다. 선착장에는 우리와는 다른 목적으로 승선을 기다리는 사람들이 많았다.

외출한 섬 주민들, 낚시나 관광하려는 사람들, 그들이 벗어놓은 신발이 선실에 빼곡했다. 짐짝처럼 여기저기 널브러져 있는 사람들. 저들의 고단한 생을 잠시라도 내려놓는 듯했다. 바다 위에 누워서 바다가 들려주는 나직한 소리를 자장가 인양 금세 코를 고는 사람들이 눈에 띈다. 바다를 땅으로 알고, 그 힘을 믿으며 애오라지 생업을 위해 지문이 닳도록 일했을 저들의 모습에서 '세상 속의 거룩함'을 보았다.

그들을 물끄러미 바라보는데 낯선 이가 말을 걸어왔다. "좋은 일 하는구먼요." 빨갛게 익은 피부가 번들번들 빛났다. 잘 야문 빨간 고추를 보는 듯했다. "아, 예. 고맙습니다. 식도에 사시나요?" "대처 한 번 나가보지 않았어라. 지겨울 때도 되었건만 파도 소리가 편안하고 좋다우." 객실 창밖에 눈을 주었다. 나도 따라서 창밖을 보았다. 수평선이 걸려있었다.

물거품을 만들면서 뱃머리는 들썩들썩 고개를 상하운

동 하며 시원하게 물살을 갈랐다. 갈매기가 안내하듯, 앞서거니 뒤서거니 하며 끼룩끼룩 거린다. 누군가가 손을 뻗어 새우깡을 내밀자 잽싸게 낚아챘다. 바다에 던지자 일제히 갈매기들이 수면 가까이 날아 잘도 채간다. "언제부터 맛을 알았을까?" 라는 물음에 아내는 "아마 날마다 식탁은 물고기일 거야. 그리고 가끔 즐기는 '깡'은 그저 간식에 불과하지." 그녀의 대답은 마치 일상의 소소한 맛을 되새기게 하는 듯 했다.

　코앞에서 펼쳐지는 날갯짓에 매료되어 우리는 그만 '깡' 회사에 매출을 올려주는 모습을 연출하는 즐거움도 맛봤다. 하기야 먹고 짝짓기 하는 일로 생을 잇는 저들의 행위는 본능이리라. 본능! 하늘의 직무라는 생각이 들었다. 바울교회 봉사단도 본능처럼 열일 제처 두고 의료봉사를 해왔다. 교회를 기점으로 산간벽지와 궁벽한 섬을 찾았고, 멀리는 거창, 진도, 서산, 해외 베트남까지 봉사활동을 해왔다.

　그래도 단원들은 당연하듯 피곤한 기색이 없다. 믿음과 사랑으로 모시는 마음이야말로 하늘의 음성이라서 그럴게다. 해가 갈수록 봉사활동의 내용도 다양해졌다. 애초에 의료 활동과 전도로 시작하다가 미용과 이발, 찬양과 악기 연주 등으로 범위가 넓어졌다. 그러다 보니 참가인원도 자연히 많아졌다. 나는 퇴직 후 색소폰을 시나브로 배웠다.

색소폰을 그런대로 들을 만하지만, 연주라고 하기엔 부끄럽다. 나도 좋고 듣는 사람도 좋아하며 동조해 주면 그저 고마울 따름이다. 잘 다독거렸던 찬양곡을 연주했다. 광활한 바다를 향해 '바다 같은 주의 사랑'을 연주하자 경청이라도 하는 듯, 바다는 편안하게 몸을 눕힌다. 내친김에 찬양 몇 곡을 내리 뽑고 눈익은 트로트로 레파토리를 바꾸자 섬 주민들이 환호해 주었다.

리듬에 맞춰 어깨와 손바닥들이 색소폰 연주를 거들어주는 바람에 목관 악기와 육체 악기의 합주가 벌어졌다. 그런데 어디선가 수군거리기 시작했다. 주민 한 분이 배를 움켜쥐고 복통을 호소하다 못해 쓰러져 있다. 동행한 의료진의 손길로도 좀처럼 상황은 나아질 기미가 보이지 않자, 보건소와 행정기관의 도움으로 닥터헬기를 동원했다. 급성 복통. 촌각을 다투는 일이다. 환자가 탄 헬기가 작은 점으로 보일 때까지 우리는 무사하기를 빌었다.

일행은 일정대로 착착 일을 해나갔다. 얼굴은 열기에 붉게 그슬렸으나, 눈빛은 물 주름 빛처럼 반짝거렸다. 계획했던 일정을 무난하게 수행하고 돌아온 날, 유난히 밥도

앞바다는 윤슬을 많이도 만들어 보여주었다. 나도 모르게 한 호주머니 가득 담았다. 나중에 쓰려고! 그래도 내 보기에 저 윤슬보다 더 보석처럼 빛나는 건 일행들의 맑은 눈망울이었다.

— 2023.08.31. 밥도島의료봉사를 다녀오다

충분한 오늘

더 높이 비상하라!
더 멀리 도약하라!
다 함께 하나 돼라!

힘찬 구호 아래 2018.5.22. 아침의 맑은 공기가 전주화산체육관을 감싸고, 그곳에는 남녀노소 1,500여 명의 교인 가족이 모였다. 그들은 신앙인의 9가지 열매, 갈라디아서 5장 22절과 23절의 말씀을 기도로 엮으며, 각자의 마음속에 깊이 새겨진 신념을 하나로 모았다.

총 남녀전도회장의 선수대표 선서가 울려 퍼지자, 그 순간 화산체육관은 신앙의 열기로 가득 찼다. 목사의 개회선언이 이어지며, 모든 이의 가슴 속에 뜨거운 열정이 일렁거렸다.

성결, 중생, 신유, 재림의 4개 팀으로 나뉘어, 제5회 바울 전교인 체육대회가 시작되었다. 각 팀은 서로의 열정을 나누며, 신앙의 힘을 바탕으로 경쟁의 장에 나섰다. 그들은 단순한 경기를 넘어, 신앙의 결속과 공동체의 기쁨을 나누는 축제의 장을 만들어갔습니다.

화산체육관은 이제 단순한 경기장이 아닌, 신앙의 열매가 자라나는 성전으로 변모했다. 모든 이의 마음속에 신앙의 열매가 피어나는 순간, 그들은 함께 기뻐하며, 하나의 목소리로 하나님께 찬양을 드렸다.

교회에서 오랜 시간 교제하던 교인들은 넓은 체육관에서 산뜻한 마음으로 더욱 가까운 한 가족이 되었다. 그곳에는 올망졸망한 아이들까지 함께하니, 5월의 따사로운 햇살과 푸르름을 더욱 빛나게 했다.

우리 가족은 성결팀에 소속되어 아내는 응원단을 이끌며 열정적으로 팀을 응원했다. 나는 다양한 종목에 참여하며, 가족과 함께하는 이 특별한 순간을 만끽했다. 행사가 시작되자, 멀리 공주에서 온 사회자와 진행요원들이 등장하여 분위기를 한껏 고조시켰다. 그들의 목소리가 체육관을 가득 메우고, 이목을 집중시키기 위해 OX 퀴즈가 시작되었다. 모두의 눈빛이 반짝이며, 질문이 던져질 때마다 긴장감이 맴돌았다. 정답을 맞히기 위한 열띤 경쟁 속에서, 우리는 서로의 웃음과 응원을 나누며 더욱 끈끈한 유대감을 느꼈다. 이 순간, 우리는 단순한 교인이 아닌, 하나의 가족으로서 함께하는 기쁨을 만끽하고 있었다.

나는 퀴즈에 참석하여 끝까지 남아 상품을 받았다. 공주에서 활동하는 사회자 덕분에, 퀴즈에는 공주에 관한 옛이야기가 흥미롭게 등장했다. 그중에서도 인절미에 대한 유래 문제는 특히 나의 마음을 사로잡았다. 며칠 전, 신아문예작가회와 함께 공주로 문학기행을 다녀온 기억이 떠올랐다. 그곳에서 우리는 공산성을 탐방하며 인절미의 이야기를 들었던 게다.

전해지는 바에 따르면, 조선의 17대 임금 인조 대왕은 이괄의 난을 피해 공주로 피신하였고, 그곳에서 처음으로 맛본 떡이 바로 인절미라고 했다. 그 떡의 맛이 너무나도 훌륭하고 맛있어, 인조는 떡의 이름을 물었지만, 아는 사람이 없었다. 다만, 임 씨란 백성이 진상한 떡이라는 것만이 전해졌다고 한다. 인조는 그 맛에 반해 "절미 절미로다, 절미로다."를 되풀이하며 감탄했단다.

그 후, 임 씨가 만든 절미라는 이름이 전해지면서 '임절미'가 되었고, 임의 밭침이 'ㄴ'으로 바뀌어 '인절미'가 되었다는 이야기는 마치 한 편의 시처럼 아름다웠다. 이렇게 기분 좋은 출발로, 나는 퀴즈의 즐거움과 함께 공주의 깊은 역사와 문화를 다시금 느낄 수 있었다.

이윽고 경기가 시작되었다. 오전 내내 성결팀은 점수를 쌓지 못하고 하위권에서 헤매며, 급기야 뒤에서 일등의 자리를 차지하게 되었다. 다른 팀들은 함성을 드높이며 신나게 응원을 펼쳤고, 그 열기는 마치 한 편의 축제처럼 뜨거웠다. 성결팀은 점수를 얻고자 분전했지만, 애석하게도 타팀과의 점수 차이를 좁히지 못했다.

그들의 노력은 헛되지 않았으나, 결과는 기대에 미치지 못했다. 오전 경기 중 줄 뺏기 게임에서는 팀별 경기가 열기를 내뿜으며 과열의 양상을 보였다. 이때, 사회자는 잠시 짬을 내어 춤과 응원전을 펼쳤다. 그러나 이것 역시 과열되어 기상천외하고 괴이한 춤사위 속에서 많은 참석자들에게 즐거움과 웃음을 선사했다.

단합된 마음속에서 오전 경기가 끝나고, 점심시간이 찾아왔다. 각 구역별로 맛깔스러운 음식들이 한데 모여 나누어졌고, 성도들 간의 교제가 활발히 이루어졌다. 그동안 교제하지 못했던 이들과의 만남은 오붓하고 즐거운 찬송으로 이어졌고, 그 순간은 마치 잊고 있던 우정을 다시 찾는 듯한 따스함을 안겨주었다.

　이후 진행될 게임을 앞두고, 구역원들은 서로의 선전을 다짐하며 각오를 다졌다. 그들의 결의는 마치 무슨 일이 일어날 듯한 긴장감으로 가득 차 있었고, 앞으로의 도전이 더욱 기대되는 순간이었다.

　오후 게임이 시작되자, 성결팀은 차곡차곡 점수를 쌓아가며 어느덧 가장 큰 점수가 걸린 남녀 계주와 줄다리기만을 남겨두었다. 줄다리기에서는 그동안의 부진을 만회하기 위한 총력전이 펼쳐졌다. 성결팀은 요령이나 작전 없이 오직 이기겠다는 마음만으로 뭉쳤고, 그 의지는 대단했다.

　예선전의 휘슬이 울리자, 팽팽하던 줄이 순식간에 우리 팀 쪽으로 쏠리는 힘이 느껴졌다. 순간, 함성이 터져 나왔고, 그것은 승리의 기쁨이었다. 그러나 두 번째 결승게임은 만만치 않았다. 상대도 만만치 않은 실력을 지니고 있었고, 서로의 대등함이 느껴졌다. 힘찬 응원과 치열한 힘겨루기가 이어지던 중, 줄이 서서히 성결 쪽으로 움직이기 시작했다. 그리고 어느 순간, 기쁨의 함성이 체육관을 가득 메우며 울려 퍼졌다.

　모두 얼굴은 상기 되었고, 승리의 마음은 풍성하게 피어 올랐다. 응원하던 이들은 줄다리기에 나선 선수들보다 더 많은 힘을 쏟은 듯, 얼굴이 더욱 붉게 달아올랐다. 이 순간, 신두권을 추격할 기미가 마련된 듯했다. 응원은 다시 활기를 되찾았고, 모든 이가 어깨를 나란히 하며 하나가 되었다. 그 열정은 마치 불꽃처럼 타올라 승리의 기운을 더욱 고조시켰다.

어느덧 체육대회의 꽃인 계주가 남아 있었다.

본 게임에 앞서서 어린이들의 달리기가 시작됐다. 작은 다리로 열심히 달리는 아이들의 모습은 그 자체로 경이로웠다. 웃음과 탄식이 어우러지며 한데 뒤섞였다. 어린이들의 달리기를 지켜보는 부모의 마음은 마치 해바라기꽃처럼 활짝 피어나, 그들의 순수한 열정에 더욱 빛을 발했다.

이제 마지막 게임이다. 연령대별로 각축전이 펼쳐지며 긴장감이 감돌았다. 성결팀이 선두를 달리던 중, 교역자 순서에서 불행하게 바톤이 땅에 떨어지고 말았다. 순간 응원이 "괜찮아, 달려달려!" 외쳤다. 저 멀리서 달리는 목사는 달려드는 황소도 밀어버릴 태세다. 그래도 끝까지 분전한 끝에 2위가 되었다. "승리는 우리다!" 함께 외쳤다.

이제껏 하위권에서 맴돌다가 줄다리기와 계주의 점수로 순식간에 종합 2위로 올라섰다. 모두 기쁨으로 출렁거렸다. 장내가 정리되고 전교인 사진 촬영 후 경품추첨 시간이 되었다. 마지막 응원이 이어지는 가운데 서너 살 먹은 아이가 모르는 사람인 내 무릎에 앉으며 고사리 같은 손으로 응원한다. 그 순간, 짜르르한 감정이 밀려온다.

"아가야! 세상이 너한테 내 무릎 같았으면 좋겠구나!" 나는 속으로 외친다. 어른으로서 너에게 그런 존재가 되면 더 좋겠고, 그런 마음으로 힘닿는 데까지 어린이들, 젊은 친구들, 마음 아픈 친구들, 소수자들에게도 내가 무릎이 되었으면 좋겠다.

오늘 많은 선물도 받고, 믿음과 사랑도 얻고, 심지어 어린아이의 마음마저 얻었으니, 이 모든 것이 오늘을 충분히 의미 있게 만들어주지 않았을까?

아버지학교

사단법인 두란노 아버지학교에 전주 53기로 입학하게 되었다. 이는 교회 장로께서 적극 권유하였고, 아내도 바라는 바였다. 교육 장소가 바울교회여서 더욱 편안했고, 평소처럼 교인들과 함께할 수 있어 참 좋은 시간이었다. 2018년10월6일 토요일 오후 4시, 강의실로 들어서니 얼룩무늬 차림의 아버지학교 선배들이 입학을 축하하며 반갑게 맞이해 주었다.

고마움과 쑥스러움이 교차하는 순간, 미리 조 편성이 이루어진 대로 자리에 앉았다. 하나둘씩 들어오는 입학생 중에는 익숙한 얼굴들이 보였다. 아버지학교가 바울교회에서 열리다 보니, 대부분 입학생이 바울 교인들이었다. 때로는 다른 교회의 입학생들도 눈에 띄었다. 내가 속한 조에는 평소 잘지내는 흰머리 삼 형제가 우연히 함께하게 되었고, 고등학교 동창도 있어 분위기는 매우 편안하고 포근했다. 그렇게 새로운 시작에 대한 긴장감이 조금씩 풀려갔다. 이곳에서의 만남이 앞으로의 여정을 더욱 따뜻하게 만들어줄 것이라는 기대가 가슴 속에 피어올랐다.

첫날, 우리는 조의 명칭을 정하고 각자의 소개를 나누며 조장을 선출하는 시간을 가졌다. '실버조'라는 이름이 붙은 우리 조는 신OO라는 분이 조장으로 선출되었다. 일곱 명으로 구성된 이 조는 모두 바울교회를 섬기는 분들로, 그 중에서도 나이가 가장 높은 품격을 자랑했다. 서로의 이야기를 나누며, 이 특별한 조의 일원이 된 것에 대한 자부심과 기대감으로 가득 찼다. 새로운 인연이 만들어진 이 순간이 앞으로의 여정에 따뜻한 빛을 비춰줄 것임을 느꼈다.

"주님, 제가 아버지입니다. 아버지가 살아야 가정이 삽니다!"라는 힘찬 외침으로 강의가 시작되었다. 아버지의 영향력, 남성으로의 역할, 사명, 영성, 그리고 아버지와 가정의 관계를 주제로 한 아버지학교는 만남의 기쁨과 친교로 가득 차 있었다. 찬양과 비디오 영상, 맛있는 음식, 조별 토의, 간증과 인터뷰, 강의, 그리고 세족식이 어우러져 사랑과 정성으로 마련된 4주간의 여정이 펼쳐졌다.

이 아버지학교는 성령의 작업장으로서, 잘 구성된 프로그램으로 모든 것이 완벽하게 준비되었다. 성령이 원하신다면 언제든지, 무엇이든지, 어떠한 방법으로든 변화될 수 있도록 열린 마음으로 예비하고 있었다. 이곳은 아버지의 역할을 되새기고, 가정의 소중함을 다시금 일깨우는 특별한 공간이었다. 강의가 시작되자, "한국인의 마음 문제와 아픔의 원인을 한마디로 정의한다면 '아버지'라고 할 수 있을 것이다."라는 말이 울려 퍼졌다.

아버지의 영향력과 4대 기능에 대한 깊은 성찰이 이어지며, 참석자들은 자신이 아버지로부터 어떤 영향을 받는지를 되짚어보았다. "나의 아버지는 어떤 분이셨으며, 나는 지금 어떠한 아버지인가?"라는 질문이 제기되었을 때, 그 순간은 나의 과거와 모든 행적을 되돌아보는 기도 시간으로 변모했다. 각자의 마음속에 자리한 아버지의 모습이 떠오르며, 그로 인해 형성된 나의 정체성과 현재의 모습이 교차하는 깊은 성찰의 시간이 펼쳐졌다. 이 과정은 아버지라는 존재가 개인의 삶에 미친 영향을 다시금 깨닫게 해주는 소중한 기회였다.

이렇게 토요일 오후 4시부터 9시까지, 5시간의 긴 수업이 펼쳐졌다. 교수님과 학생들은 진지한 태도로 서로의 마음을 나누었고, 그 과정에서 괴로움과 솟구치는 서러움, 탄식, 그리고 행복함이 뒤섞여 감정의 소용돌이를 이루었다. 분위기가 엄숙하고 무거워질 때면, 찬양팀이 그 감정을 조절해 주며 공간을 환기喚起시켰다.

그리고 명색이 학교 과정인 만큼, 숙제라는 현실이 기다리고 있었다. '숙제'라는 단어가 오랜만에 귀에 들어오자, 학생들은 이구동성으로 "헐"이라는 반응을 보였다. 그 순간, 진지한 분위기 속에서도 웃음이 피어오르며, 학문과 삶의 무게를 함께 나누는 소중한 시간이 되었다.

우리나라 통계청의 발표에 따르면, 전 국민이 가장 하기 싫어하는 것 1위는 숙제라고 한다. 그 소식은 수업의 분위기를 싸늘하게 가라앉혔다. 첫 번째 만남부터 매주 숙제가 주어진다는 사실은 학생들의 마음에 무거운 짐을 더했다.

오늘의 수업 주제는 '아버지의 영향력'이었다. 각자는 기억 속에 남아 있는 아버지에 대한 좋은 인상과, 지워버리고 싶었던 아버지의 기억을 떠올리며, 그에게 보내는 편지를 써 오라는 과제를 받았다. 그렇게 오늘의 수업이 마무리되었다. 각자의 마음속에 아버지라는 존재가 남긴 흔적을 되새기며, 감정의 파편들은 교실 안에 흩어졌다. 그 순간, 아버지에 대한 복잡한 감정들이 서로의 마음을 연결하는 실타래처럼 얽혀 있었다. 귀갓길, 숙제가 머릿속을 가득 채웠다. '나의 아버지는 어떤 분이셨을까? 나는 아버지에게 어떤 아들이었을까? 그리고 나는 자녀들에게 아버지다웠던가? 아이들은 나를 어떤 아버지로 기억할까?' 수많은 질문이 마음속에서 소용돌이쳤다.

막상 편지를 쓰려니, 손 편지를 써본 지가 너무 오래되어 그 감각이 낯설게 느껴졌다. 손으로 쓴 글자 하나하나에 담긴 정성이 사라진 듯, 편지라는 단어는 이제 그 의미가 퇴색해 버린 듯했다. 마음속의 복잡한 감정들이 글로 표현되기까지의 길은 멀고도 험난했다. 과거의 기억과 현재의 고민이 얽히며, 나는 아버지와의 관계를 다시금 되새기고 있었다.

그리움과 후회, 사랑과 미안함이 뒤섞인 채, 나는 아버지에게 전할 말을 찾기 위해 고심하고 있었다. 사흘 밤낮, 기억을 비틀고, 꼬집고, 뒤집으며 흘러간 세월을 정성껏 씻어내려 했다. 그 과정에서 질곡의 삶 속에서도 한 아름의 사랑을 가슴에 품고 있음을 깨달았다. 깊은 한숨이 흘러나오고, 아! 숙제는 결국 영원한 숙제라는 생각이 스쳤다.

아버지학교의 숙제를 통해 나는 많은 것들을 되돌아볼 수 있었다. 반성의 시간도 가졌다. 아버지에게서 받은 상처는 피할 수 없었지만, 우리가 아버지로서 자녀들에게 남길 경험의 유산은 충분히 선택할 수 있다는 사실을 깨달았다. 우리의 자녀들에게 우리와 같은 아픔을 대물림해서는 안 되며, 그간의 아픔은 우리 자신만으로 족할 것이라는 생각이 들었다. 또한, 가족에 대한 존귀한 사랑을 새롭게 발견했다.

  아버지는 과거의 아픔을 오늘로 마감하고, 새로운 미래를 여는 연결고리라는 것을 느꼈다. 아들로서 아버지와의 관계를 회복하고, 아버지로서 자녀들과 새로운 관계를 세워야 한다는 깨달음이 내 마음을 가득 채웠다.

  그것이 새로운 가문의 역사를 만들어가는 첫걸음이 되기를 바랐다. 숙제를 마치고 나니, 뿌듯함이 밀려와 오늘 밤은 잠자리도 포근하게 느껴졌다.

4
다시, 밝은 세상

시편 104:19

"해는 정해진 때를 알리며, 그가 지으신 것을
그곳에서 그들이 나가게 하시나이다."

다시 본 '미나리'

오늘 저녁 예배에 참석하기로 했다. 오월 가정의 달을 맞이하여 예배의 특별 프로그램으로 영화 관람이 편성되었다. 모든 가족이 한자리에서 마음과 생각을 같이하며 세대 간 가정의 진정한 믿음과 따뜻한 가족 사랑의 의미를 되새기는 의미에서다. 그 영화는 우리나라 여배우가 처음으로 오스카(Oscar) 시상식에서 여우조연상을 받아 전 세계적으로 이목을 받았다. WHO 코로나-19 팬데믹 선언 이후, 우리나라는 초기 방역에 잘 대비하여 세계적으로 방역 모범국으로 자리매김하였다.

이렇듯 전염병 예방 방역으로 국력이 상승하여 조용한 아침의 나라가 한순간 주목을 받는 계기가 되었다.

문화계도 큰 경사가 났다. 사회적으로 지치고 힘든 상태에서 당사자뿐 아니라 대한민국 국민 모두에게 해낼 수 있다는 큰 희망을 보여주었다. 영화 〈미나리〉는 1980년대 한국 1세대 이민자 가족이 미국 사회의 한 시골에서 온갖 역경과 시련을 이겨내며 농장을 만들어가는 삶의 이야기다.

영화 속에서 윤여정의 외할머니 역할은 삶의 애환을 꾸미지 않은 다큐멘터리 연기로 전 세계인의 가슴을 울렸다. 미국 할머니하고는 전혀 다른 할머니, 아무것도 할 줄 모르는 할머니다. 그렇지만 이 할머니는 단순해서 강한 사람, 맹목적으로 자기 딸과 손자, 손녀의 자랑과 사랑만 있음을 고스란히 녹여낸 〈미나리〉였다. 오직 가족만을 위해 심고 길러낸 한국 미나리가, 한국식 감정과 정서를 영화에서 잘 대변했다.

영화 속 대사처럼 원·더·풀'의 유머를 미국인들이 한국식으로 이해했는지 모르겠지만 그들의 가슴에 진한 감성을 자극한 결과다. 이 영화의 가장 깊숙하고 심오한 의미는 종교적 주제다. 즉 '구원'이 무엇일까?

'무엇이 진실하게 믿는 것일까?'라는 질문을 묵직하게 던진다. 그리고 성경 속 남자 이름이 등장한다.

아버지 '제이콥'은 이스라엘의 조상인 '야곱'으로, 아들 '데이빗'은 작지만 강한 소년인 '다윗'으로, 일요일마다 십자가를 지고 순례하는 '폴'은 '사도 바울'을 의미한다. 또한 아름답고 드넓은 평원은 에덴의 동산을 은유하며, 뱀이 나타난 것도 사람을 유혹하고 선악과를 따먹은 에덴의 동산, 즉 낙원을 의미한다.

손자 데이빗의 불가능 했던 심장병을 낮게 하는 것도 하나님 '기적'을, 소중한 농산물을 할머니 실수로 발생한 화재도 분노를 표출한 '불의 심판'으로써 모든 것을 다시 일으켜 세우라는 신의 메시지 같은 느낌이다. 영화에서 '물'은 삶의 에너지를 표현한 것 같았다. 이와 반면에 '불'은 모든 것을 잿더미로 만들어버렸으나 타고 남은 재가 기름이 되듯 '부활'을 의미한 것 같았다.

〈미나리〉 영화를 본 후 또 다시 영화를 보았다. 이 영화가 현시대를 살아가는 오늘의 젊은 층에 얼마나 감동되었을까? 또한 외국인들이 이토록 열광하는 이유는 무엇일까? 사람들 마음에 얼마나 느낌을 주는 영화인지 모르겠지만, 동양, 즉 한국식 가정의 가족들의 사랑을 외국 사람들의 눈에는 어떻게 비쳤을지, 얼마나 가슴에 감동을 선사했는지 모를 일이다.

찻잔 속의 태풍일까? 교회에서 이 영화를 왜 선정했는지 영화를 다시 보고 난 뒤에야 잔잔한 마음에 감성이 자극되었다. 이 영화는 한번 보아서는 선뜻 이해하기 힘든 영화가 아닌가 생각된다.

코로나-19로 지칠 대로 지친 이웃들과 교인들의 가슴에 진실하고 따뜻한 가족의 의미를 담은 〈미나리〉 영화가 가정의 달을 맞이한 오월 밤하늘의 별들을 찾아 놓았다. 아무리 어려워도 굴하지 않고 끝까지 삶을 아름답게 엮어낸 한국의 할머니 배우, 윤여정에게 박수를 보낸다.

매운맛 그리고 인연

　겨울바람이 불기 시작하면, 가정에서는 한겨울을 보내기 위하여 다방면으로 월동 준비를 한다. 먹거리와 난로용 장작, 집안 단열 등 기본적인 것은 물론이거니와 농작물 한파 대비 등을 서두른다. 또한 원하지 않는 질환도 예방조치 한다. 나에게는 겨울나기 통과의례가 있다. 그것은 몸살감기다. 해마다 감기가 한두 차례 지나간 뒤에야 한겨울을 지낼 수 있을 정도다. 올해도 어김없이 불청객은 찾아왔다.
　이 객은 나만의 순서가 있다. 인후통, 두통, 가래, 콧물, 기침으로 마무리하는 코스다. 병원에 다니며 약과 주사로 1주일 이상 치료를 받으며 고생한다. 교회 행사 준비 과정에서 얻은 감기와 몸살 때문이다. 4~5일 정도 몸조리를 하여 어느 정도 편해진 느낌이 들 때쯤이면, 내 몸은 매운 음식을 원한다.

평소 매운 음식을 가까이하지 않는 편이다. 하지만 이런 경우에는 화끈하고 매운맛의 시원한 짬뽕 국물이 생각난다. 아내와 함께 시내 중화요리집을 찾았다. 때가 지난 시간이라 조용한 음악만 흘렀다. 안내하는 분의 얼굴이 낯설지 않아 보인다. 어디서 많이 본 모습인데, 좀처럼 생각이 나지 않았다. 식사를 하면서 기억의 꼬투리를 붙들고 있을 때 아내가 말한다.

"아! 당신이 기억할 만한 사람은 병원사람 아니면 누구겠습니까?"라는 말을 듣는 순간 떠올랐다. "그래, 맞아!" 이름은 가물가물하지만, 성은 확실했다. 계산을 하면서 "혹시 성함이 박 아무개 아니십니까?" 하고 묻자, 그분도 맞장구를 친다. 어디선가 안면이 있는 분이라 생각했다 한다. 이분은 정기적으로 내가 관리했던 척추질환 환우患憂였다.

그는 반가움에 어찌할 바를 몰랐다. 전혀 뜻하지 않았던 곳에서 뜻밖에 서로를 인식한다는 것은 그야말로 큰 기쁨이다. "선생님, 그동안 감사했습니다. 오늘은 제가 계산하겠습니다." 하며 남편을 소개했다. 아내와 나는 차 대접과 선물도 받았다. 그간의 이야기를 듣고 나서 "선생님, 이제

병원 가면 뵙지 못하겠네요?" "새해 복 많이 받으시고 행복하세요." 참 소박한 인연이구나 싶었다.

병원을 찾는 환자분들은 치료도, 치료지만 빠르게 고통에서 벗어나기 위해 오시는 분들이다. 그들이 어느 정도 불편과 고통에서 해방되고, 병세가 호전되면 인간 본연의 모습을 찾아가며 행복감과 삶의 질이 높아지며 에너지가 충만해진다. 오늘 만난 분도 생업 전선에서 건강미가 넘쳐 보였다.

우리는 자의든 타의든 많은 사람과 관계를 맺으며 살아간다. '사람이 재산이다.'라는 말을 한 번쯤은 들어봤을 것이리라. 이 말은 수많은 사람이 사회라는 공동체 속에서 어우러져 생활하는 존재의 중요성을 더욱 절감케 한다. 세상은 참으로 넓고도 넓지만, 어느 때는 참으로 좁다고 느낄 때도 많다. 예상치 못한 곳에서 누군가를 만나거나, 기억의 고리에서 벗어나 보이지 않던 사람과의 우연한 만남을 통해 다른 누군가를 발견하는 인연은 따뜻한 동행이 아닐 수 없다.

어디선가 만난 낯익은 인상이라 생각했는데, 나와 이어지는 인연을 찾아내기도 했다. 결코 작은 인연도 소홀히 해서는 안 되려니 싶은 하루의 만남이었다. 이렇듯 환우와의 뜻밖의 대면은 가끔 나에게도 기쁨과 위로가 된다.

친구와 마지막 포옹

오늘은 퇴직자 모임이 있는 날이다. 솜리 모처에서 오랜만에 만나는 한 친구가 참석하는 반가운 만남이다. 그는 직장에서 같은 연령대로 남다르게 가까이 서로를 의지하며 지낸 친구다. 온갖 일들을 서로 가까이하는 친구였다. 그런 친구가 오늘 모임에 참석한다고 하니 오늘따라 마음이 한결 즐거웠다.

'친구'라는 단어는 가깝고 오래 사귄 사람. 이 말은 친구란 말의 사전적 의미다. 내가 친구라 하는 벗들, 그들에게 나는 과연 진정한 인간이었던가 하는 생각을 새삼스레 해본다. 영국의 한 신문사에서 '영국 끝에서 런던까지 가장 빨리 가는 방법?'이라는 질문을 현상 공모했을 때 독자들의 응답은 비행기, 기차, 도보 등 여러 가지 수단과 방법이었다. 과연 1등으로 당선된 정답은 무엇이었을까?

전혀 예상 밖의 답이 선정되었다고 한다. 그것은 바로 '좋은 친구와 함께 가는 것'이었다. 동서양을 막론하고 '벗'이라는 이 말 내면의 의미는 같은 마음인 것 같다. 좋은 친구라면 아무리 험하고 먼 길이라도 즐겁게 함께 갈 수 있으니 이러한 의미에서 나온 정답이었을 듯하다.

그 친구는 직장에서 몸이 불편하면 나에게 와서 검사를 받으며 어떻게 하면 좋을까 언제나 상의했다. 어느 날 머리가 어지럽고 두통이 심하다고 하여 머리 자기공명영상(MRI) 검사를 했다. 대뇌동맥류가 발견되었다. 일명 '핵폭탄'이라는 뇌혈관 꽈리가 발견된 것이다. 그는 젊은 나이에 머리 수술을 받았다. 그 뒤로 건강관리에 전념하여 잘 지내다가 목, 어깨, 팔 통증으로 다시 찾아와 검사해 본 결과 후종인대골화증으로 다시 수술적 치료를 권유받았다.

그 이후 지속되는 통증을 보존 치료를 하고 항상 병마와 싸워가며 생활한 지 몇 해가 지나고 퇴직 날짜가 다가왔다. 그동안 수술을 차일피일 미루다가 퇴직이 다가왔으므로 편안한 마음으로 수술을 받겠다고 퇴직과 동시에 수술하였다. 그러나 무슨 운명의 장난인지 수술 부위가 잘못된 것인지 수술 이후에 양손에 장애가 왔다. 퇴직 후 해외여행을 계획하여 마음껏 누리자고 했었는데….

그 친구 놈은 전생에 무슨 죄를 지었기에 어떻게 숟가락질도 못 하는 힘든 상황이 벌어졌단 말인가? 도대체 이게 무슨 날벼락이지? 그런 그가 서서히 재활치료의 덕을 보기 시작하여 젓가락은 안 되더라도 수저는 들 수 있다고 하여 오늘 모임에 아내와 함께 참석했다. "오랜만이네! 그동안 고생 많았어." 기쁜 마음에 나는 그를 향하여 볼에다가 뽀뽀를 해줬다. 동석한 친구들이 박장대소를 했다. 그는 나와 같은 성씨에 같은 항렬이라 남달리 친근했다.

그러한 친구였는데…. 만난 지 1주일 만에 연락이 왔다. 몸이 아주 불편하다는 것이다. 무리를 해서 그렇겠지! 생각했는데 말도 안 되는 소식이 전해왔다. 췌장과 간에까지 몹쓸 병이 발견되었다고 했다. 아니! 도대체 이게 무슨 일인가? 그동안 장애를 극복하고자 무던히도 애쓰고 재활에 전념했건만, 순간 화가 머리끝까지 솟구치는 이유는 뭘까? 친구를 위로하기 위하여 긴급 모임을 주선하여 만났다.

며칠 사이에 병색이 완연히 드러나 보이는 친구를 말없이 꽉 끌어안아 주니 그의 심장이 내 심장에 방망이질한다. 말이 없는 포옹 속에 쾌유를 빌었건만 비보가 전해왔다. "친구야! 그동안 잘 버텼다. 다툼 없는 세상, 좋은 일만 있는 세상, 질병 없는 세상에서 맘에 드는 친구와 맘껏 여행하며 좋은 세상 만들어 세상에서 주인이 되게나. 너와의 마지막 포옹 속 방망이질 못잊겠다."

  누구나 그러하듯, 세월이 갈수록 곁에 있는 사람들이 하나둘씩 멀어지고, 남은 사람들은 세상과 점점 거리가 멀어만 간다. 이별이 점점 많아져 가는 외롭고 쓸쓸한 인생길에 서로 안부라도 전하며 함께하는 동행자로 즐겁고 행복한 나날들이 되었으면 얼마나 좋을까?

314호

겨울이 깊어 가지만, 요즘 날씨는 마치 자신만의 길을 걷는 듯하다. 이러한 날씨는 감기 걸리기에 딱 좋은 날들이다. 아니나 다를까, 몸에 이상한 기운이 피어올랐다. 마치 운명의 장난처럼, 전해 듣던 백수의 과로사가 내게도 찾아온 듯했다. 2019년의 끝자락 어느 날, 그동안 피로가 점점 쌓이다 보니 세상이 나보고 '좀 쉬어가게나.' 하는가보다.

지난 일요일 저녁부터 몸살감기로 컨디션이 좋지 않았다. 월요일 아침에 동네의원에서 치료받았지만, 차도가 없어 전주 모 병원에서 진료를 받았다. A형 독감이라면서 독감 검사 뒤 격리병실에 입원하여 치료받았다. 연말이라 많은 각종 동호회 단체 활동이 모두 중단되었다. 어떤 단체는 집행부 일을 해야 하는데 난감한 처지가 되어버렸다.

이 질환은 200여 종 이상의 바이러스에 의해 발생하는 호흡기계 감염 증상을 말하는데, 독감은 인플루엔자 바이러스에 의한 급성 호흡기 질환이다. 감기와 독감을 구별하는 것은 아주 중요하다. 치료법이 다르기 때문이다. 독감의 특징은 인플루엔자에 의한 급성 호흡기 질환이며, 매년 초겨울부터 봄까지 유행한다.

증상은 고열을 동반한 인후통과 근육통, 두통 등으로 몸 전체에 영향을 미친다. 대부분 호전되지만 폐렴이나 심근염 등의 합병증이 발생할 수 있다고도 한다. 매년 10월부터 시행하는 예방 접종을 꼭 받아야만 한다. 이렇듯 A형 독감은 몸살과 근육통, 인후통 그리고 고열과 오한이 심한 감기 증상이 동반되어 옷깃만 스쳐도 통증이 발생하는 병이라고 한다.

기존에 앓았던 몸살감기와는 사뭇 다르다고 하는데 열이 39.5도까지 오르더니 내려가지 않아 특별 관리를 밤새도록 받았다. 요 몇 해 전부터 몸 관리를 잘하여 겨울철에 심한 감기 한 번 걸리지 않고 지내 왔는데 올겨울에는 그동안의 병치레를 한꺼번에 다 하는 것처럼 아주 심한 독감으로 손발 두 손 다 들어 버렸다.

독감 감염 여부는 바로 알 수 있다고 하여 독감 검사를 해보았다. "조금 불편할 수 있습니다". 라는 소리가 끝남과 동시에 콧속에 면봉을 쑥 집어넣었다가 빼내었는데 순간 자극으로 눈물이 찔끔 나오는 고통이었다. 이것은 조금 불편한 정도가 아니었다. 다시는 하고 싶지 않은 검사법이다. 10여 분 뒤, A형 독감이라면서 곧바로 격리되어 버렸다.

314호 병실에는 11세, 12세, 17세 아이들이 치료받고 있었다. 시간이 지났음에도 콧속이 얼얼하다. 초기증상은 감기와 비슷했다. 하지만 오한과 근육통이 아주 심하고 열이 39도 이상 오르면서 심하면 폐렴과 뇌수막염으로 진행되기도 한단다. 이러한 증상이 발생하는 경우 병원을 방문하여 초기에 치료를 잘 받아야만 한다.

A형 독감의 치료는 타미플루 5일분 처방법과, 병원에 입원하여 주사제 치료법 두 가지가 있다고 하는데 두 방법 모두 인플루엔자 A형으로 전염성이 매우 높아서 격리 치료가 필수요건이라 한단다. 병원에서 오한과 발열, 근육통이 반복적으로 지속되어서 혹시나 하여 폐렴 검사들을 병행 해가면서 치료를 받으니 4일 차쯤에서야 조금 편안해졌다. 그런 뒤 나는 3일 만에 퇴원하였다.

2020년 새해가 다가오기 전, 모든 고난이 마무리되기를 간절히 바란다. 가벼운 일상에서 새해를 맞이할 수 있기를 소망하며, 눈앞 네 개의 링거 백이 나를 지키고 있다. 그 안의 액체는 분주히 떨어지며, 작은 방울 방울들이 나를 부드럽게 위로한다. 그 따뜻한 흐름 속에서 서서히 잠에 빠져들고, 평화로운 꿈의 세계로 접어든다.

오늘의 시대적 욕구

　마스크(mask)라는 이름은 단순히 외부의 해로운 공기로부터 보호하기 위해 눈, 코, 입 및 얼굴을 보호하는 넓은 뜻을 가진 단어다. 무엇인가를 가리면 마스크라고 봐도 무방할 정도로 뜻이 많지만 확장 해석하면 전문 용어가 된다.
　마스크에는 일반적인 보온용 마스크, 의약외품인 얼굴에 착용하여 인체를 미세먼지와 비말감염으로부터 보호하기 위한 보건용 마스크, 분진 또는 미스트 등의 입자가 호흡기를 통해 체내에 유입되는 것을 방지하기 위하여 사용하는 방진 마스크, 공기 중에 떠다니는 화학 오염물질, 그 중 특히 살상용 독가스, 병원균 등의 생화학무기로 호흡기를 통해 흡수를 방지할 목적으로 얼굴에 쓰는 방독면防毒面

등이 있다.

마스크를 생각하면 영화 속 짐 캐리(Jim Carrey)의 노란 모자와 마스크, 차 타이거 마스크, 침묵시위용 X-마스크, TV 화면 속 범죄자들이 경찰서나 법원에 출두할 때 쓰는 인권용 마스크, 외국 축제인 가면무도회 마스크 등이 떠오른다. 우리의 전통문화에서도 탈을 쓰고 해학과 권선징악을 풍자하는 전통극인 탈춤용 마스크도 있다.

또한 병원 진료나 수술 시 감염 예방용 마스크, 교통경찰 마스크, 산업일꾼 마스크, 바이클 탄 마스크, 화생방 교육 마스크 등 일반적 마스크 착용 모습은 많이 보아왔다. 하지만 직접적으로 나 자신이 착용하는 경우는 한 겨울철 특별한 경우를 제외하고는 없었다. 아마 전 국민이 같은 입장일 게다.

이렇듯 여러 면에서 도움을 주는 유익한 마스크임에도 동서고금을 막론하고 마스크를 쓰면 선입견이 좋은 편이 아니다. 여러 가지 이유가 있겠지만 가장 큰 이유는 사람의 이미지를 결정하는 데 있어 많은 영향을 미치는 얼굴 부위를 가리기 때문이리라. 그러나 코로나-19 이후에는 마스크가 너무나 전혀 다르게 인식되는 세상이다. 오히려 생활의 필수품이 되어버렸다. 마스크 착용을 권장하다 못해 이제는 마스크를 착용하지 않는 경우 거리 출입이나, 버스 탑승, 기관방문, 음식점 출입도 금지되고, 때론 마스크 착용치 않는 경우 법적으로 책임을 져야 하는 시대를 살아가고 있다. 코로나-19로 마스크 착용과 쓰지 않는 성우의 코로나19 감염 정도를 직간접적으로 절실하게 느끼고 있지 아니한가?

이렇게 마스크 착용이 필수가 되다 보니 이제는 마스크가 기능성과 편리성, 각양각색의 패션화가 이루어지고 잃어버림을 방지하는 마스크 걸이까지 등장했다. 마스크의 구입도 한, 두 장에서 상자 단위로 대량화되어 개인과 가족 위생, 집단방역에 철저히 대비하는 양상이다. 이렇듯 마스크가 위생의 주요 선물로 최고의 인기 품목이 되기도 한다.

코로나-19 초기에는 우리뿐만 아니라 전 세계가 마스크 물량 부족으로 구매가 막연하던 적도 있었다. 그동안 마스크 제작자들은 코로나-19 이전에는 수요와 판매 부진으로 사업을 접어야 할 안타까운 처지에 있었지만, 코로나-19 이후에는 폭발적인 수요로 인하여 벼락부자가 되었다는 이야기도 심심찮게 들려온다. 사회적 거리 두기와 마스크 착용, 손 씻기 등을 실천하고 있지만 하루빨리 검증된 백신과 신약이 개발되어야 현재의 사태를 진정시킬 수 있을 것이다.

이레 저러한 사회현상으로 하루아침에 가정경제와 사회경제가 곤두박질치다 못해 사업 자체를 폐업하는 예도 있는가 하면, 요술 방망이 조화처럼 하룻밤 사이에 급성장하는 업체들도 생겨났다. 코로나-19로 인하여 웃고 우는 사람들도 늘어가고 극과 극의 상황 속에 흔들리는 세상의 미래가 걱정된다는 사람들도 많은 것 같다.

이제 코로나-19로 인하여 국민 대다수가 서서히 지치고 힘들어하고 있다. 남녀노소를 막론하고 지칠 대로 지친 나머지 다양한 반사회적인 현상들이 곳곳에서 일어나기도 한다. 정치, 경제, 사회, 문화 모든 분야에서 국민 정서를 다시 한번 일깨우는 새로운 문화가 태동하여야 하지 않을까 생각해 본다. 정치, 관료들도 사람들의 감정을 자극하여 분열을 조장하거나 악의적으로 선동하는 일이 없이 큰 마음, 큰 뜻으로 위기를 극복해야 한다.

다시, 밝은 세상

　태풍 카눈의 비바람이 몰아치는 아침 눈 질환 치료차 익산 W 병원에 입원했다. 그동안 안과 진료를 받으면서 관리를 했지만 시기가 되어 수술을 받기로 했다. 그동안 일상적 생활이 차츰차츰 불편해지기 시작했었다. 양안의 시력 차가 심해지는 바람에 안경을 착용해도 사물들이 제빛을 잃었고, 글자가 또렷하지 않았다. 자동차 운행 때도 전방 주시가 불편했고, 야간에는 더욱더 시야 확보가 불안했다. 전문의의 권유가 있었지만 적절한 시기를 기다려 왔다.
　가는 날이 장날이라는 말처럼 이날은 문학의 길에 동참을 권유했던 임 문우의 등단 축하식과 일정이 겹치게 되어 그 자리에 참석하지 못한 아쉬움이 크다.
　지난날을 돌이켜 보니 나에게 수필 창작을 같이 하자고

하였던 문우 생각이 아련하다. 애틋한 감정이 솟는다. 이러한 문우와 문학적 사고를 컴퓨터 화면에서 또닥거릴 수 있다는 것에 그 옛날 방랑시인 김삿갓 상념에 젖어든다.

비슷한 연배의 환우가 먼저 입원해 있었다. 내일 아침 수술한다고 한다. 눈 수술 동기同期가 생긴 게다. 그분은 점 잖으신 교사로 퇴임한 분이다. 동기 왈, "옷이 참 뭣 합니다."는 말에 맞장구를 쳤다. "대한민국에서 말입니다. 병원 옷과 예비군복 입은 모양은 최첨단 거렁뱅이 입니다."란 말에 동막골이 터졌다. 이렇게 입원이 시작되어 수술실을 다녀왔다. 반쪽으로 세상을 보니 아주 불편하기 이를 데 없다.

사람들이 소중한 눈을 한 개가 아닌 두 개씩이나 가지고 있음을 조물주께 감사드렸다. 우리가 어떤 사물을 볼 때 한쪽 눈을 감고 보아도 한 개로 보이고 두 쪽 눈을 다 뜨고 보아도 똑같이 한 개로 보인다. 어째서 인간의 눈은 두 개이며 꼭 두 개가 필요한 것인지 별생각을 다 해봤다. 눈이 두 개인 이유에 대해서 오랜 세월 동안 수많은 이야기가 있어 왔다.

귀는 남의 말을 귀담아들으라고 두 개이고, 입은 가려서 말하라고 하나만 붙어 있는 거라는 이야기와 함께 눈이 두 개인 것에 대해서는 외관상 불균형적이며, 한번 보고 판단하지 말고 다시 한번 신중히 잘 보라고 두 눈을 두었다고 하였다. 볼 것과 보지 말아야 할 것을 가려서 보라고 신이 인간에게 두 개의 눈을 주었다고도 한다.

한쪽 눈은 현실을 보고 다른 한쪽 눈은 미래를 바라보기 위해서 두 개의 눈이 필요하다는 이야기도 있다. 정신의학자이며 심리학자인 스위스 칼 구스타프 융Carl Gustav Jungd은 '사람의 눈이 두 개인 이유는 나 자신을 바라보는 내면의 눈과 타인을 바라보는 외면의 눈을 다 가져야 비로소 완전한 내가 되기 때문이다.'라고 말한 바 있다.

의학적으로 눈이 두 개가 필요한 이유는 원근감과 입체감을 확보하기 위함이다. 사물의 크기, 색깔, 생김새는 한쪽 눈만으로도 가늠할 수 있지만 원근감, 입체감을 느끼는 건 한쪽 눈만으로는 거의 불가능한 일이다. 한쪽 눈을 가리고 생활하는 경우 계단을 오르내리기가 불편하고 정상적인 운전을 할 수가 없는 경우를 체험해 본 경우가 있었는데 매우 힘이 들었다. 하나의 눈으로는 원근감과 입체감을 바르게 볼 수 없기 때문이었다.

사람의 몸에는 감각을 담당하는 기관이 다섯 개가 있다. 눈, 코, 귀, 입, 피부로 각각 시각, 후각, 청각, 미각, 촉각을 담당하고 있다. 이 감각들은 정상적으로 살아가기 위해서 어느 것 하나 부족해서는 결코 안 되는 것들이다. 다섯 개의 감각 중에서 눈이 담당하는 시각이 가장 중요하다고 한다. 시각을 담당하는 눈의 기능이 상실되면 가장 고통이 크다는 것을 이번 눈 수술을 마친 후 절실하게 실감했다.

인공장기 대체 연구진들에게 무한 감사를 느낀다. 이 시절 글을 창작하는 나에게 눈이 두 개인 이유는 한번 생각하고 작성하지 말고 다시 한번 면밀히 분석하고 판단하라고 두 개라는 이야기가 옳은 듯하다.

창밖으로 몰아치는 태풍이 세상을 거침없이 할퀴고 지나간 뒤, 도로 위에는 붉은색 흙탕물이 넘쳐나고 있다. 어쩌면 내일을 걱정하는 듯 가로등도 빛을 잃어버렸지만, 저 멀리 밤하늘을 밝히는 네온 불빛이 '아모르파티'를 외치며 빛나고 있다. 지금의 비바람이 주제가 되고 제재가 되어 더욱 의미 있고 에너지 넘치게 활동이 이루어지기를 소망해 본다.

트로트와 코로나-19

트로트 열풍이 지난해부터(2021년) 거세게 일고 있다. TV 모방송국에서 주최한 '미스트롯' 오디션 프로그램이 '송O인'이라는 국민 여가수를 탄생시키며 대성공을 거두었다. 올해는 남성들이 출연하는 '미스터트롯'이 인기리에 방송되고 있다. '미스트롯'이 거의 끝나갈 무렵부터 TV를 시청하면서 트로트 경연프로그램에 빠져 들었다.

지금은 '미스터트롯'이 열리는 본방송 날이면 자연스럽게 TV 앞에 앉아 기다린다. 옛날 유행하던 가요 중 아는 노래가 흘러나오면 흥얼거리곤 했지만, 최근에는 취미로 기타를 배우면서 그 노래들을 깊이 있게 몸으로 느끼게 되었다.

트로트는 오랜 역사를 가진 국악, 정통, 엘레지, 블루스,

발라드, 록, 댄스 트로트 등 다양한 요소가 융합되어 발전해 온 음악 형태이다. 오늘날 K-POP이라는 이름 아래 전 세계적으로 한류 열풍을 일으키고 있다. 전통적인 트로트 음악은 "쿵작쿵작" 리듬과 한국적인 한이 서린 노랫말로 서민들의 마음을 울렸다. 막걸리 한 사발에 젓가락 장단에 맞춰 부르던 곡조는 많은 사람들의 마음을 달래 주곤 했던 것이 일명 '뽕짝'이다. 이러한 한국적인 트로트 음악은 일본의 '엔카'와 유사하지만, 한국만의 독특한 정서와 미학이 서려있다. 이처럼 트로트 음악은 한국 고유의 문화적 정체성을 잘 표현하는 대표적인 장르라고 할 수 있다. 이런 트로트가 내 가슴에서 요동치기 시작했다.

  TV 트로트 오디션프로그램에 출연한 초등학교 졸업생 '정O원'이라는 아이의 모습이 인상 깊었다. 비록 그 아이는 트로트 노랫말의 의미를 완전히 이해하지는 못했지만, 노래를 부르는 음악적 표현은 어린아이라 보기 어려울 정도로 정확하고 숙련된 모습이었다. 노래를 부르며, 악기 연주까지 능숙하게 해내는 그 소년의 모습은 매우 놀라웠다. 그의 예사롭지 않은 재능과 실력은 오디션 프로그램을 더욱 흥미롭게 만들었다. 어린 나이에도 불구하고 전문적인 수준의 음악적 역량을 보여준 정O원의 모습은, 트로트 음악이 단순히 서민들의 정서를 대변하는 것을 넘어서 새로운 세대에게도 매력적으로 다가가고 있음을 보여주는 사례라고 할 수 있다. 이러한 변화와 발전은 트로트 음악의 지속적인 생명력을 보여주는 것으로 생각한다.

TV 오디션 프로그램에서 두각을 나타내며 인기를 얻고 있는 정O원 군의 이야기는 참으로 감동적이다. 그의 고향인 경남 하동은 이제 그를 자랑스러운 지역의 대표 인물로 여기게 되었다. 오디션 무대에서 보여준 정동원 군의 뛰어난 실력과 재능은 지역민들의 관심과 사랑을 한 몸에 받고 있다. 특히 그는 엄마를 중심으로 한 팬클럽이 생겨나면서, 그에 대한 애정과 기대감은 더욱 커지고 있다. 그리고 하동제일병원장이 정동원 군에게 36.5℃라는 사랑의 온도를 상징하는 색소폰 악기를 졸업선물로 수여했다는 소식은, 지역사회 전체가 그 아이의 성장과 미래를 응원하고 있음을 보여준다.

이렇듯 전국적인 스타로 떠오르게 되었다. 그의 재능과 노력, 그리고 지역사회의 따뜻한 관심이 어우러져 만들어 낸 이 감동적인 이야기는 우리 모두의 마음을 움직이고 있다.

오디션 프로그램의 결승전이 다가오는 가운데, 대한민국

은 전례 없는 코로나-19 위기에 직면하고 있다. 특정 종교단체의 인식 부족으로 대구와 경북 지역을 중심으로 감염이 급속도로 확산하면서, 대한민국 전체가 전염병 발생 국가로 오인당하게 되었다.

이 전국적인 재난 상황은 정치, 경제, 문화, 스포츠 등 모든 분야에 걸쳐 엄청난 혼란을 일으켰다. 개인의 일상생활조차 송두리째 뒤흔들리며, 국가 전체가 전례 없는 위기에 빠져들고 말았다.

코로나-19의 여파로 TV 오디션 프로그램의 결승전 대결이 무기한 연기되어 아쉬움이 컸다. 그러나 이 위기 속에서도 국민의 희망은 꺼지지 않았다. 유례없는 감염 확산으로 인해 대한민국은 초국가적 재난 상황에 직면했다. 특정 종교단체들에 대한 전수조사가 뒤늦게 이루어졌지만, 이미 감염률이 80%를 넘어섰다. 앞으로 얼마나 더 확산할지 모두의 관심이 집중되고 있다. 이 위기 속에서 가장 힘든 이들은 바로 최일선에서 맞서고 있는 보건 인력들이다. 육체적 피로와 물자 부족에 시달리며 고군분투하고 있지만, 정치인들은 서로 자신만 옳다며 다투고 있다. 과연 저들이 국민의 대변자들인지 헛웃음만 나온다.

이 모든 혼란 속에서도 국민은 보건 인력과 자원봉사자

들에게 감사의 마음을 전하고 있다. 이들의 헌신과 노력이 이 위기를 극복할 힘이 되어줄 것이다. 이제 우리가 함께 힘을 합쳐 이 난관을 헤쳐 나가야 한다. 우리는 반드시 이 시련을 이겨낼 것이며, 새로운 희망을 찾아갈 수 있을 것이다.

여러분들에게 두 손 모아 건투를 빕니다. 파이팅!

잔고마비殘高馬肥의 계절

    삶이 분주하게 흐르는 가운데, 내 일정과 같이하던 자동차가 제 기능을 잃고 말았다. 지난번 점검에서 배터리 교체 시기가 다가왔다는 안내를 받았지만, 차일피일 미루다가 며칠이 안 되어 결국 문제가 터지고 말았다. 이렇듯 예고된 불행이 현실로 다가오는 순간 난감함이 가슴을 압도한다.

    주일 아침, 교회 가려고 시동을 걸었지만, 자동차는 반응이 없었다. 그 순간, 아차 하고 깨달았다. 어쩔 수 없이 보험회사에 긴급출동 요청했다. 핸드폰 지시에 따라 긴급출동이 접수되어 차량 위치를 확인해 주고 기다렸다.

    기다리는 동안, 마을 길 안쪽에 밤나무가 있기에 숲에 들어서니 이곳저곳에서 알밤들이 나를 반기고 있었다. 잠깐 사이에 수북하게 주웠다. 토종밤이라 그런지 크기는 작지만, 토실토실하여 먹음직했다. 봄에 노란 꽃을 피우며 존재감을 드러내고, 밤꽃 특유의 냄새(스페르 미딘과 스페르민 물질)를 발산하며, 그곳을 가득 채운다.

작열하던 태양과 비바람, 그리고 여러 차례 태풍을 이겨낸 밤나무는 햇살에 살찌우더니 어느새 가시 돋친 입을 하품하며 밤톨들이 옹기종기 모여 있는 모습으로 나를 반기고 있었다. 이른 아침 침입자의 인기척에 놀란 꿩들이 하늘로 솟구치며 울부짖는다. "너만 놀란 게 아니야, 나도 마음이 철렁했단다!" 그들의 놀람을 나누며 놀란 가슴을 진정시키고 한숨을 내쉬었다. 그 순간, 멀리서 무언가 움직임이 눈에 띈다. 다람쥐 가족들이었다. 그들도 나와 같은 목적으로 이곳에 온 것인지, 아니면 낯선 침입자를 경계하는 것인지, 그들 역시 나보다 더 분주하게 움직인다. 살며시 작은 밤톨을 다람쥐 양식으로 양보하고, 숲에서 빠져나왔다.

이내 서비스 출동 차량이 도착하고, 늦어서 미안하다고 인사를 건넨다. 이분은 정읍에서 오는 것이 아니라 광주에서 왔다며 명함을 건네는 모습이 인상적이다. 왠지 모르게 나의 불찰로 일요일 아침부터 고된 일과를 시작하게 했으니 내 마음이 더욱 무거웠다. "하나님, 이분에게 축복을 내려주세요!"라고 마음 기도를 하며 그를 응원했다. 불과 2~3분도 채 되지 않아 건강한 소리가 요란하게 울려 퍼졌다. 감사하다고 말하며 주웠던 밤을 모두 그에게 건네주었다.

교회 가는 길, 라디오에서는 올가을 중 가장 좋은 날씨라고 전한다. 이러한 날들이 계속되니, 천고마비의 계절이라고 했다. 하지만 서민들의 지갑은 각종 행사에 소비를 부추기는 '디드로 효과' 때문에 가을을 만끽할 여유도 없이 잔고마비의 계절이 되어버렸다는 이야기가 귀를 간지럽혔다. 순간, '디드로 효과'가 무엇인지 궁금했다. 길을 가다가 차를 세우고 검색을 통해 감정의 흐름을 따라갔다. '디드로 효과'란 물건을 구매하면서 흔하게 겪는 현상으로 하나의 물건을 사면서 이 제품에 맞추어 다른 제품을 계속해서 구매하는 현상을 말한다. 즉, 내가 구매한 제품과 잘 어울릴 디자인을 고르는 현상으로 '디드로 통일성'이라 불리기도 한다.

이 뜻을 이해하고 나니 우리를 소비의 늪에 빠지게 하는 이 '디드로 효과'라는 말에 내 마음도 동했는지 저절로 입가에 웃음이 지어졌다. 교회 가는 길, 바라본 가을하늘은 오늘따라 더욱 높고 푸르다. 그 푸르름이 내 마음속의 환희와 어우러져 더욱 빛났다.

5
눈웃음 짓는 쉼표

잠언 16:3

"너의 일을 여호와께 맡기라. 그리하면 네 계획이 이루어지리라."

진버들 동창생

  오늘 아침 일찍, 승용차로 옛 진버들 마을 동국민학교 10회 동창 모임이 열리는 광양으로 출발했다. 그립고 정다운 친구들과의 만남을 알고 있는 듯 하늘은 유난히 맑고 높았다. 같이 가고 싶다고 아우성치는 찬바람은 함께하고 싶지 않았다. 전주를 비롯한 여러 도시에 흩어져 사는 옛 마을 남녀 동창들이 광양에 사는 친구의 집으로 모이기로 한날이다.
  국민학교 다니던 시절 우리는 진버들이라는 마을에서 함께 성장했다. 봄이면 개구리에게 돌팔매질하며 천진난만하게 놀았고, 여름에는 개울가에서 물장구치며 웃음꽃을 피웠다. 가을에는 홍시를 따먹으며 달콤한 과일 맛을 입안 가득 느꼈고, 겨울에는 양지바른 곳에서 딱지와 구슬치기

하며 소중한 시간을 보냈던 친구들이었다. 각자의 일정에 따라 늦은 시간까지 친구들이 모이기 시작하였다. 먼저 도착한 친구들은 어린 시절의 추억을 나누며, 마을을 떠나기까지의 이야기를 풀어놓았다. 그 시절의 이야기에 모두가 사로잡히며, 잃어버린 시간 속으로 여행을 떠나는 듯했다.

우리의 부모 이야기로부터 형제와 자녀, 손주, 이웃 이야기까지 그동안의 파노라마가 펼쳐졌다. 창밖은 눈바람이 몰아치는 밤이지만 모두 즐거운 말 잔치 속에 밤샘 추위는 안전에도 없다. 여자 셋이 모이면 접시가 깨진다는데 오늘은 남녀가 어우러지니 묶어놓은 그릇들이 뒤집히는 등 야단법석이다.

우리 마을은 이웃 마을보다 항상 먼저 굴뚝에서 연기가 피어오르는 곳이었고, 동서로 길게 뻗어 있던 큰 마을이었다. 마을의 중간에는 윗마을과 아랫마을을 잇는 공동 샘물터가 자리하고 있었다. 마을 위쪽에는 방솔나무라는 키 큰 소나무가 있었으며, 그 나무 아래서 아이들이 병정놀이하던 언덕배기, 봄에는 복숭아꽃이 온 산을 물들이는 화려한 풍경을 그리는 과수원과 낮은 동산으로 둘러싸인, 전주 동쪽 끝머리에 자리한 100여 호의 꽤 큰 마을이었다. 이곳은 단순한 지리적 공간을 넘어, 어린 시절의 추억과 자연의 아름다움이 어우러진 마음의 장소였다.

예로부터 마을 어귀에 수호신처럼 우뚝 서 있던 큰 버드나무는 '진버들'이라는 이름으로 불리며, 우리의 기억 속에 깊이 자리 잡고 있었다. 우리 집은 맨 끝자락에 있었고, 넓은 마당에는 과일나무가 많았던 탱자나무 울타리가 둘러싸여 있었다. 이러한 곳이 전주권 개발사업으로 소중한 마을이 사라져 버렸다. 이제는 지도상에만 옛 마을 이름이 도로명으로 표기되어 있을 뿐이다. 그동안 마음속에만 고향으로 남아 있다가 장년이 되어 이제야 돌아왔다. 잃어버린 기억을 되새기며, 그리운 고향의 향기를 다시 찾고자 하는 마음은 여전히 따뜻하게 나를 감싸고 있다.

몇 해 전부터 옛 마을, 친구들을 수소문하여 하나둘씩 찾아서 광양에 거주하는 한 친구가 오늘 자기 집으로 동창들을 초대했다. 이 친구의 얼굴은 세월의 흐름 속에서 희미해졌지만, 마을 중간에 흐르는 공동 샘물처럼 옛 기억들이 조금씩 차오르기 시작했다. 친구의 남편 또한 임실이 고향이라 우리와 함께 즐겁게 시간을 보냈다. 동네 동창으로서, 각자의 부모들도 함께 살던 친목 가정의 따뜻한 정이 다시금 느껴졌다. 이렇게 소중한 만남 속에서, 오랜 세월이 지나도 변치 않는 우정의 깊이를 다시금 되새기게 되는 시간이었다.

어느 친구는 부모들이 나들이 때 촬영한 귀한 흑백사진을 보여주었고, 마을 떠나기 전의 활동사진도 함께 감상할 수 있었다. 사진들은 모두 빛바랜 것이었지만, 우리집에서도 보지 못했던 나란히 서있는 부모의 젊은 모습이 담겨있는 오래된 사진이 나의 존재를 확인할 수 있는 소중한 순간이었다.

어느 모임에서든 주인공이 되는 친구가 있다. 오늘은 한 친구가 지난날의 가난했던 가정사를 들려주며, 힘들고 고생했던 청년 시절을 회상하며 눈물을 흘렸다. 그의 이야기를 듣고 있자니, 이제는 부모가 무고하고 형제와 자녀가 모두 결혼하여 화목하게 살아간다는 사실이 깊게 다가왔다.

그 순간, 우리집 벽에 걸려있던 '삼락三樂'이라는 한글 족자가 떠올랐다.

'부모가 구존俱存하고 형제 무고한 것이 첫째 낙이요, 하늘을 우러러보고 사람을 대하여도 부끄러움이 없는 것이 둘째 낙이며, 천하의 영재를 얻어 교육하는 게 셋째 낙이니라.'

이제 이 '군자삼락'이라는 족자는 부모가 생존한 이 친구에게 선물해야 할 것 같은 생각이 든다. 오늘 밤새워 쏟아낸 이야깃주머니는 끝없이 이어지고, 어느덧 동창東窓이 밝아오고 있다.

* "맹자孟子 진심盡心편 군자삼락君子有三樂而"

孟子曰,
"君子有三樂 而王天下不與在焉.
"군자유삼락 이왕천하불여존언.
父母俱存 兄弟無故 一樂也.
부모구존 형제무고 일락야.
仰不愧於天 俯不怍於人 二樂也.
앙불괴어천 부부작어인 이락야.
得天下英才 而敎育之 三樂也."
득천하영재 이교육지 삼락야."

맹자가 말하기를
군자에게는 이 세 가지 즐거움이 있는데, 통일된 천하의 임금이 되는 것은 여기에 끼지 못한다.

　부모형제가 편안함, 하늘에 떳떳함, 가르치는 것, 이것이 군자의 세 가지 즐거움이다.

그는 내 친구

오늘따라 어느 벗 생각이 물씬 가슴에 스며든다. 잘 있겠지! 왜 이 친구 생각이 났을까! 불현듯 오랜 친구가 꿈속에서 나를 찾아왔다. 잠결에 만난 그 친구와의 옛 생각이 영화 속 이야기처럼 녹아들었다.

아버지는 항상 '좋은 친구를 만나고 잘 사귀어야 한다.'라고 말씀하시곤 했다. 어느 부모나 평범한 진리가 담긴 자녀 교육법이다. 하지만 나에겐 특별한 주문이 하나 더 있었다. 친구 집에 가거든 반드시 그 친구 부모를 만나서 꾸벅 인사만 하지 말고 꼭 큰절할 것이며 아무개 친구 누구라고 말씀 드려야 한다는 인사법을 가르쳐주었다.

그렇게 나는 친구들, 그 부모하고도 친구를 만나듯 가까이 지냈다. 친구 아버지는 어느 날 우리를 부르시더니 손

수 적으신 글귀를 나에게 주시면서 좋은 벗으로 살아갈 것을 당부하셨다. 생텍쥐페리의 '좋은 벗은 만들어지는 것이 아니라, 공통된 그 많은 추억과 더불어 겪은 괴로운 시간과 많은 어긋남, 화해, 마음의 격동, 이런 것들로 이루어진다.'는 금과옥조金科玉條였다.

나에게는 다른 의미의 친구가 하나 더 있다. 새벽 친구인 라디오다. 항상 고정 되어있는 방송에서 때마침 친구 이야기가 흘러나온다. 내용인즉 선교사 이야기였다. 어린 여자 아이가 친구들과 놀이하다가 깊은 상처로 출혈이 일어나는 엄청난 사고가 발생했다. 우선 응급조치를 하고 병원으로 이송하기로 하였다.

기다렸지만 현지 사정으로 많은 시간이 지연되었다. 그러는 동안 출혈이 너무 심하여 위급상황에 이르러 긴급 수혈을 해야만 했다. 주변 아이들에게 이 친구에게 피를 나누어줄 사람이 있는지, 혈액형이 같은 사람들을 다급하게 찾았지만, 누구 하나 나서는 사람이 없었다.

상황이 다급해지자 이리 뛰고 저리 뛰면서 도움을 청하였지만 어쩔 수 없는 상황에 부닥치고 말았다. 선교사 주변인들도 같은 혈액형인 사람이 없었다. 그때 한 아이가 울음을 터트리며 찾아와 친구를 위하여 헌혈하겠다 하여 현장 상황이 긴박하게 전개되었다. 나란히 두 아이를 누이고 수혈을 시작하는 동안 내내 혈액을 제공하는 아이가 너무나도 슬프게 울고 있었다. 어디가 잘못된 것인지 이유를 물었지만 이를 악물고 울고만 있어 영문도 모른 채 수혈이 끝나 위급함을 겨우 넘길 수 있었다.

이후 그 아이는 병원으로 후송되어 목숨을 구했고 건강한 모습으로 되돌아왔다. 피를 나누어 주겠다고 한 아이의 뒷이야기를 통역을 통하여 들을 수 있었다. 긴박한 상황 속에 부정확하고 서투른 언어로 같은 혈액을 찾고 있을 때 그 아이는 자기 피를 다 뽑아주면 자기는 죽는 줄로만 알고 그렇게 서럽고 슬프게 울었다는 것이다.

그럼 '너는 죽을 줄 알면서도 어떻게 그런 행동을 할 수 있었느냐?'고 물어보니 그 아이 말은 너무나 간단명료했다. 그는 '내 친구니까요' '친구' 오늘따라 아름다운 친구들의 따스하고 포근한 우정이 날개를 펼치고 날아든다.

한 그루의 우정 나무를 위해

— 이해인

우리가 한 그루 우정의 나무를 아름답게 가꾸기 위해선

한결같은 마음의 성실성과 참을성, 사랑의 노력이 필요하다. (중략) 지나친 고집과 독선, 교만과 이기심은 좋은 벗을 잃어버리게 하므로 우리는 늘 정성스럽고 진지한 태도로 깨어 있어야 한다….

친구를 떠올리면 세상에 회자되는 말들이 많지만 이렇게 죽음과 맞바꿀 수 있는 진정한 친구가 나에게도 있었을까 싶다. 아니, 내가 친구라고 하는 내 벗은 과연 나를 진정한 친구로 여기고 있을지 모르겠다. 과연 이해인 수녀가 노래한 늘 정성스럽고 진지한 태도로 깨어있는 자세가 있었는지 되돌아볼 일이다. 깊은 여운이 감도는 아침, 태양도 구름 이불을 덮고 힘겹게 솟아오른다. "따르릉", "어 친구 반갑네…."

나를 목사라 부르는 사람

 이 세상을 거닐며 만나는 수많은 얼굴들은 하나같이 다르다. 이는 인간이 모두 같은 얼굴을 좋아하지는 않는다는 사실을 집중적으로 살펴보았다. 어떤 이들은 행동이 외모와 무관하다고 생각하는 사람도 있겠지만, 실제 행동과 외모는 밀접한 관련이 있다. 우선 우리의 얼굴 생김에 따라 타인이 얼굴에 반응하는 방식이 달라지며 이 방식에 따라 우리의 성격도 달라진다.

 또 우리의 행동 방식은 타인이 우리의 외모나 매력에 영향을 미친다. 우리의 행동과 주된 성격이 현재의 얼굴을 만든다는 의미다. 내 외모가 타인에게 어떻게 보이는가는 대단히 중요하다. 얼굴에 드러난 성격의 영향력 역시 아무리 과장해도 지나치지 않을 정도로 중요하다. 태도 못지않게 보이는 모습도 중요하다고 본다.

　의식적이든 무의식적이든 행동이 그 사람의 외모와 아주 밀접한 관련이 있다는 것을 어느 학술 세미나에서 들었던 적이 있었다. 이번에 자동차 공업사에서 나시 한빈 그 기억을 되살릴 수 있었다.

　동생의 일상에 변화가 생겨 자동차를 장기 관리해 주기로 했다. 그러나 이 자동차가 새로운 주인을 인정하지 않는 듯, 하루가 멀다고 말썽을 부리기 시작하더니만, 그만 도로에 멈춰서 버렸다. 이는 정말 난감한 일이었다. 다행히 주변에 카센터가 있어 응급조치하고 전주 SS 공업사에 차를 입고시키려고 방문했다. 접수처 한쪽에 앉아서 여기까지 무사히 도착함을 기도하며 순서를 기다리는데 직원이 "목사님, 이쪽으로 오시면 도와드리겠습니다."라 하였다. 목사님 소리에 고개를 돌려보니 나를 바라보며 하는 말이었다. "저 말입니까? 나는 목사가 아닙니다."라고 하면서 나는 그에게 "나와 닮은 목사님이 계십니까?"라며 내 신분을 알렸다.

　아마 내가 잠깐 기도하는 모습을 보고 목사를 연상했던 모양이다. 아무튼 고맙다는 인사와 함께 그 직원에게 부근에 식당이 있는지 물어보았다. 오른쪽으로 가면 있는데 시간이 늦어서 어떨지 모르겠다고 한다.

식당에 들어서니 아주머니 두 분이 채소를 다듬다가 맞아주었다. 테이블에 앉으니, 아주머니가 자동차를 고치러 오셨느냐고 물었다. 그렇다고 하니 접시를 챙겨 주며 여기는 셀프라고 했다.

반찬이 조금 부족하다며, 잠시만 기다리라는 말과 함께 다양한 음식을 차려주었다. 기도하고 식사를 하려는데, 아주머니 한 분이 목사님이냐고 물어왔다. 나는 교회 집사라고 말했다. 그 말에 다른 맛있는 것까지 권하며 챙겨 주었다. 달걀부침, 물김치, 김까지 반찬이 없다면서 다 챙겨 주니 한 상 잘 차려진 밥상이었다. 식사하고 드시라면서 식혜까지 가져다주었다.

오늘은 어찌 된 일인가? 조금 전에도 귀에 익은 '목사님'이라는 소리를 들었는데 얼마 지나지 않아 다시 목사님 소리를 들은 게다. 내 일상에서 자주 듣고 부르던 목사님이라는 말이 듣기 싫은 소리는 아니지만, 그렇다고 웃을 일도 아니지 않는가? 한 아주머니에게 교회 출석 여부를 물었더니, 그녀는 우리 사장님은 권사라고 했다. 나는 "아주머니, 권사님 따라서 교회에 한 번 나가보세요. 하나님께서 아주머니를 찾을 것 입니다."라며 대화를 나누었다.

그렇게 이야기가 이어지는데 주인 권사가 바나나, 포도,

구수한 누룽지까지 후식을 챙겨 주었다. 서로 보이지 않는 믿음의 마음으로 그렇게 챙겨 주시지 않았을까 싶었다. 이렇게 늦은 식사 시간에 '소확행'이라는 용어를 새삼 인식했다. 수요수필반 2학기 첫 시간에 이진숙 문우가 소확행 이라는 단어를 사용하였는데 나는 처음으로 그 의미를 직접 체험할 수 있었다.

이번 일을 계기로 바쁜 일상에서 찾아온 작은 즐거움이란, 무엇일까를 생각하게 되었다. 그것은 바로 작고도 소소한 기쁨을 진심으로 느끼는 것이 아닐까. 믿음과 정성이 가득 담긴 식당을 나서는 발걸음은 유독 가벼웠다.

* 끌리는 얼굴은 무엇이 다른가 (과학으로 밝혀낸 매력의 비밀) 데이비드 페렛 저 (박여진 옮김) 참조함.

*데이비드 페렛 David Perrett
국적: 영국
경력: 영국 세인트앤드루스대학교 심리학 교수.
　　　인간지각연구소(Perception Lab) 소장.
수상: 2008년 실험심리학회 Mid-Career prize. 2002년 미네르바 재단 골든 브레인 상. 영국 심리학회 President's Award 상

늦게 배운 보람

우리가 흔히 마주치는 기타는 여섯 줄이 매력적으로 뻗어 있는 목과 울림통을 가진 현악기로 오늘날 널리 보급된 악기 중 하나이다. 기타는 다른 현악기와는 달리, 줄을 문지르는 대신 뜯거나 퉁겨 소리를 내며, 이 고유의 연주법을 '피킹'이라 부른다. 이는 기타만의 독특한 특징이며, 벤조, 만돌린, 우쿨렐레 등 비슷한 악기들과는 구별되는 점이다.

기타는 그 형태와 연주 방식이 널리 알려져 있으며 TV에서 가수가 연주하는 모습이나 취미로 꿈꾸는 많은 이들의 손에 쥐어지는 악기다. 시간이 흐를수록 기타의 매력은 사그라들기는커녕 더욱 인기 있는 휴대용 반주악기로 자리매김하게 되었다.

이러한 매력적인 기타가 나의 삶에 즐거움을 가져다줄 것이라는 기대감에 힘입어 나는 내 인생을 풍요롭게 할 기타 연주를 배우기로 결심했다.

친구와 같이 완주군 이서면 주민사지센디에 개선된 기타 초급과정 프로그램에 등록하여 여러 사람과 배움의 길을 함께하게 되었다. 1년 남짓의 초급과정을 마치고 이제 중급과정으로 나아가게 되었다. 이는 나에게 새로운 음악의 맛을 느끼고, 삶의 또 다른 즐거움을 찾아가는 소중한 과정이 되었다.

기존의 중급반 선배들과 어깨를 나란히 하며, 우리는 음악적 깊이를 한층 더 발전시켰다. 이서면 자치센터 기타 프로그램을 통해 단순한 배움을 넘어 지역사회와의 연결고리를 맺었다. 이러한 배움의 여정은 이서면 주민을 위한 행사 참여로 이어졌으며, 행사를 앞두고 완성도 높은 공연을 위해 더욱 열심히 노력했다. '통기타스케치'라는 팀 이름 아래 10여 명이 다양한 이야기와 감정을 어우러지게 음악 활동을 했다.

첫 발표 겸 기념 공연이 끝나자, 주민들의 반응이 좋았다는 평가를 받기도 하였다. 그 뒤 이서면 주민자치 행사에 '통기타스케치'란 이름을 알리는 출연팀으로 자리를 잡았다. 점차 공연의 경험이 쌓이자, 활동 영역을 확대하여 완주군 생활문화예술동호회 단체에 가입하여 완주군 공연 계획에 참여하기에 이르렀다.

통기타스케치의 부족함을 채우기 위하여 고급반 선배들과 함께 한 팀이 이루어졌다. 이제부터는 완주군에 등록된 단체로서 완주군 행사에 참여도 하며, 행사를 위한 지원과 동아리 교육도 참여하여 다른 단체들과 합동공연도 선보이게 되었다.

이러한 과정은 지방자치단체에서 주관하는 주민들을 위한 교육과정이 다양하여 주민들도 직접 다가가서 배우고 주민 스스로 주민들을 위한 잔치의 주인공이 될 수 있도록 하였다. 주민들의 삶의 질 향상을 위해 노력하는 지방자치단체에 찬사를 보낸다. 기타 교실도 이러한 교육의 일환이었다.

통기타스케치의 활동 영역도 이서면 자치센터, 이서 지사율공원, 삼례 비비정 예술열차, 구이 술테마박물관, 고산 휴양림, 삼례 예술촌까지 영역이 확대되어 바쁜 일정을 소화하며 지역사회에 기쁨을 전달했다.

단원 모두가 함께 호흡하며, 우리는 단순히 음악 하는 것을 넘어, 다른 이들에게 즐거움과 행복을 전달하는 전령사가 되었다. 오늘은 완주군 구이면 경각산 아래 아름답게 조성된 완주 대한민국 술테마박물관이다. 단원들 모두가 활기가 넘친다.

오늘 공연 중 부모와 함께 손뼉 치던 어린아이의 모습에서 우리가 더 위로받은 것 같기도 했다. 마지막 무더위가 기승을 부리지만, 매미의 높은 소리를 벗삼아 7080 노랫말을 실어 많은 사람에게 귀를 즐겁게 하고, 마음을 풍성하게 하며, 행복을 전달한다.

이서 통기타스케치여, 영원하라!

눈웃음 짓는 쉼표

후반 인생을 시작한 지도 어느덧 6년여에 접어들었다. 옛 삶을 돌이켜보면, 수많은 일화 속에서 원치 않는 질환으로 고통받는 환우들과 심신이 지친 약자들과 함께한 시간이 많았다. 그들과 오랜 생활을 하면서 나의 심신 역시 붉게 물들었다. 그래서 다음 생은 소박하게 꽃피는 생활을 꿈꾸며, 내 나름의 계획을 세워보기도 하였다.

친우들은 재취업과 경제활동을 연장하는 바람에 아내로부터 "누구는….." 하는 원망 섞인 소리도 들었지만, 나는 나만의 시간이 필요한지라 내 뜻대로 계속 이어갔다. 한동안 사회적으로 '버킷리스트'라는 용어가 남성들에게 뜨거운 반응을 일으킨 적이 있었다. 거창한 다짐은 아니지만, 꼭 하고 싶은 일을 하고야 마는 의지가 나를 가만두지 않앉다.

 선배들이 이르기를 미리 준비하고 계획을 세워야 인생 2막과 후반생을 즐겁고 건강하게 누리며 삶의 질을 높일 수 있다고 조언해 주었다. 어느 날, 문학을 하는 시인과 글쓰기 수업에 참관하게 되었고, 그로 인해 나는 수필가의 길에 들어서게 되었다. 이제 선배 문우와 함께 창작 활동을 불꽃놀이 삼아 하늘에 화려하게 수놓고 있다.

 그러기를 2년여의 생활을 보내던 중, 다음 목표인 악기 배우기에 대한 열망이 솟구쳤다. 기타와 색소폰을 고민하다가, 결국 목관악기를 선택하였다. 장안의 화제인 트롯 열풍에 TV 속으로 빨려 들어갔다. 울려 퍼지는 음악에 박자를 맞추어 보기도 하고, 어딘가에서 들려오는 소리에 귀가 쫑긋했다.

 첫날부터 음악 이론이 음학音學공부로 변하는 개인지도가 내심 불안하고 후회스러웠다. 또한 지난 학창 시절 음악 공부에 대한 아쉬움에 깊은 한숨만 가득했지만, 꼬물꼬물 움직이는 손가락이 점차 리듬을 집어 들기 시작하면서 그 매력이 나에게 다가왔다. 하고자 하는 열망 때문인지 개인지도 시간이 빠르게 지나가면서 즐거움으로 부풀어 올랐다.

색소폰은 소프라노, 알토, 테너, 바리톤 등 여러 종류가 있지만, 내가 선택한 건 알토 색소폰이었다. 일명 콩나물 대가리가 춤추는 악보에 손놀림이 덩실거리는 곡들이 한 곡 두 곡 쌓여가며, 귓가에 콩나물이 걸리기 시작하자, 더욱 흥미와 소리가 덧입혀지기 시작했다. 매월 향상 발표회가 거듭될수록 연주곡들도 여러 장르로 쌓여갔다.

그러던 어느 날, 개인지도 원장으로부터 제안을 받았다. CTS 기독교 전북방송 색소폰 앙상블 창단 단원에 가입하여 함께 교회 음악과 찬양 사역에 동참하자는 것이었다. 그 말에 망설임 없이 흔쾌히 승낙하였다. 이 역시 신앙생활과 밀접한 버킷리스트 중 하나였다. 한두 해가 지나면서 자연스럽게 대중 앞에 연주하는 시간이 늘어나게 되었고, 교회 찬양과 거리 버스킹 횟수도 많아지며 월간 연주 계획도 늘어났다. 아직 배움이 적은 초보인지라 실력 향상에 전력을 쏟아야 할 처지인데 교회 찬미, 특정 단체연주, 병원봉사, 타 동호회 초청연주 등 공연이 날로 증가하고 있다.

올해 찬바람이 일면 몽골 기독교 단체 초청 연주가 예정되어 있어 준비 중이다. 그동안의 지난 기억을 돌이켜보면 웃고픈 일들이 여기저기 번개 친다. 초꼬슴에는 음표의 길이를 똑같이 연주하기도 어려워 얼굴이 붉어지고, 입술이 터지고, 엄지손가락 통증으로 침을 맞는 일이 이어졌다. 음정과 박자가 형편없이 엉뚱 맞아도 나름 신중하게 열일 했다. 혼자만의 즐거움에 흠뻑 빠져 주변 사람들이 배꼽을 잡기도 했던 일들도 스쳐 지나간다. 옆방에서 갓 시작한 초보들의 소리가 더욱더 진하게 들려온다.

어느 날 문득, 기쁨의 무언가가 마음속에 들어왔다. 진지하게 반복되는 연습 속에서 차츰차츰 알토 색소폰 고유의 매력적인 음색을 선물처럼 얻게 되었다. 켜켜이 쌓인 스트레스는 오히려 최상의 좋은 호르몬을 흠뻑 분비하게 했다. 색소폰을 배우고 대중 앞에서 연주하는 내 모습은 삶의 질을 한층 높여주었을 뿐만 아니라, 자신을 다독거림과 동시에 여생을 함께할 동반자로서 손색이 없었다. 연습한 만큼 성취감도 얻을 수 있었고, 색소폰을 가까이하는 순간 모든 것을 다 잊고 오롯이 나에게만 집중할 수 있어서 참 좋았다.

만족스러울 정도는 아직 머나먼 길이지만, 몇 해 뒤 아름답고 운치 있는 연주를 할 수 있다는 생각에 더욱 즐거워지곤 한다. 바쁘다는 이유와 비용 문제로 색소폰 입문을 미루고 있는 친구에게는 일단 시작이 중요하다고 말해

주고 싶다. 지금이 바로 그때다. 미루지 말라. 시간이 금방 지나가는 것은 누구나 알고 있지 않은가! 권유도 해보았지만, 아직 오리무중五里霧中이다.

수준에 맞는 곡들을 연주하다가 코로나-19 시대에 대곡인 쇼팽의 「즉흥 환상곡」에 도전했다. 이 곡은 피아노곡이지만 어느 악단의 색소폰 연주 실황을 보고 가슴에 꽂혔던 곡이었다. 겉모양만 잔뜩 들어 무모한 도전을 했던 것으로 후회도 많이 했지만, 지금까지 계속 진행 중이다.

처음 한 마디를 익히기 위해 보름, 아니 그 이상 소리를 갈퀴질했건만 쉽게 되지 않았다. 어느 시간에는 마음대로 되지 않아 한숨이 저절로 나왔다. 답답한 마음에 유튜브 속 영상만 종일 따라 한 적도 부지기수였다. 그래도 그저 도전을 이어가고 있다. 악보 한마디 한 줄이라도 차곡차곡 연습하다 보면 점차 손이 가벼워지고 소리가 들리기도 하지만 아직 먼 갈길, 꿈만 불타오르고 있다.

막대 고무풍선을 처음 불 때처럼 힘들고 벅찬 마음에, 나에게 색소폰은 어떤 의미가 있는지 돌아본 적이 있다. 색소폰의 운지運指길이 마치 내가 걷고 있는 인생길과 같다는 생각이 들었다. 열정과 정성이 깃든 반복 연습을 한 만큼, 아름다운 소리와 감동은 결코 노력을 배신하지 않는다고 믿는다. 때로는 천천히, 어느 때는 부드럽게, 어떤 부분은 강렬하게 손가락 움직임 길을 넘나들며 한 음씩 연주를 이어간다. 악보 마디마디마다 느낌도 제각각 다르고 변화무쌍하게 넘실거린다. 내 삶의 악보 속 여행도 이처럼 아름답게 연주하고 싶은 마음이 오선지 위를 넘나든다. 한 마디 여백, 쉼표가 가슴을 부풀린다. 누가 말했던가, 인생은 음악과 유사하다고. 음악은 지식이 아니고 느낌이라고. 지금 나에게 그 안에서 쉬어 가야 한다며, 공간과 쉼표가 눈웃음친다. 눈웃음 짓는 쉼표가.

뜻밖의 행운

어느 여름날, 더위를 식힐 겸 호숫가를 찾았다. 이 호수는 어렸을 때 멱도 감고 낚시도 하던 곳으로 나에게는 학창 시절 추억이 깃든 아중저수지이다. 한 곳에 다다르니 많은 사람이 행사를 즐기고 있었다. 낚시대회였다. 늦었지만 대회 참가를 해도 되느냐는 물음에 주최 측은 흔쾌히 나를 맞아주었다. 멀리 갈 필요도 없이 주최 측 본부 옆, 그늘이 짙게 드리운 적당한 곳에 자리를 잡았다. 그곳은 목화 꽃구름 사이로 햇빛이 쏟아지는 아름답게 내려앉는 곳이었다.

어떤 이는 여러 대의 낚싯대를 멋지게 드리우며 자태를 뽐냈고, 어떤 사람은 서서 낚시하는 모습이 인상적이었다. 또 다른 이는 현대식 장비를 완벽하게 갖추고 낚시에 열중

하는 사람도 있었다. 그러나 나는 준비 없이 온 탓에 현장에서 구입한 옛날 방식의 줄낚시를 선택할 수밖에 없었다. 생미끼를 끼우고 첫 번째 줄을 힘껏 던졌지만, 내가 원하던 방향과는 전혀 다른 곳에 떨어지고 말았나.

두 번째 줄은 내가 원하던 방향으로 정확히 던져졌다. 마지막, 세 번째 줄을 던지고 주변 정리를 하고 난 뒤 나만의 비장의 미끼를 준비하는데, 첫 번째 줄에서 요란스럽게 방울이 울리더니 낚싯줄이 마구 딸려 들어가고 있었다. 방울 소리에 많은 사람의 이목이 나에게 쏠렸다. 줄을 잡는 순간, 팽팽한 느낌이 온몸을 타고 전해졌다. 큰 물고기가 걸린 것이다.

낚싯줄에 물고기가 저항하는 것을 느끼며 서서히 당기는데 주변 사람들이 호기심에 몰려들었다. 순간 세 번째 줄에서 방울 소리가 경쾌하게 울렸다. 이 상황을 옆에서 지켜보던 한 분이 황급히 달려가 줄을 당겨 물고기를 잡아올렸다. 나는 그것을 볼 틈도 없이 낚싯줄을 잡고 물고기를 살살 달래가며 힘겹게 걷어 올리려는데 순간 환호성이 터졌다. 아주 커다란 물고기를 잡은 것이다. 아주 멋지고 햇빛에 반짝이는 누런 대형 붕어를 잡았다.

본부 가까운 곳에 자리하고 있었기에 곧바로 크기를 측

정해 보았다. "42cm 월척 붕어 성공!"하며, 관계자의 호명 목소리가 하늘을 날았다. 잡아 놓은 물고기를 구경하려는 사람이 낚시 할 수 없을 정도로 자리를 점령했다. 그렇게 시간이 흐르고 낚시의 마감을 알리는 신호음이 울렸다. 누가 보아도 제일 큰 물고기를 잡았기에 대상감이라고들 했다.

낚시대회가 종료되고 시상식에 모두 모였다. 차례대로 시상이 진행된 후 마지막 대상 차례였다. 이미 수상자가 결정된 듯, 내가 대상을 받았다. 전년도 대상 수상자로부터 상품을 받았다. 아주 멋진 낚싯대와 부상으로 세탁기를 받은 것이다. 그리고 대상 수상자로서 다음 대회는 소양호에서 개최될 예정인데, 대회에 꼭 참석해야 하고 모든 경비는 주최 측에서 제공한다는 이야기에 서명한 뒤 다음 대회를 기약 했다.

즐겁고 행복한 축하를 받았다. 예상치 못한 행사에 참여했다가 뜻밖의 행운이 쏟아진 것이다. 집에 가면 아내가 무척 좋아할 것을 상상하며 기분 좋은 미소를 지었을 때, 순간, 처마 밑 풍경소리에 번쩍 눈을 떴다. 너무나도 생생하고 즐거운 꿈이었다. 오늘 오후에 교회에서 제53기 두란노 아버지학교 개강 날이라 분명 좋은 일들이 생길 것만 같은 예감이 들었다.

젊은 시절, 낚시의 매력에 푹 빠져 전북 지역의 저수지라면 거의 다 다녀 봤을 정도로 많은 낚시를 즐겼다. 나는 낚시를 아버지로부터 배웠다. 지금 생각하니 아버지는 단순한 낚시 가르침이 아니라 인내심과 끈기라는 더 깊은 교훈을 간접적으로 가르쳐 주었던 것 같다. 어느 때는 빈 미끼 낚시로 세월을 낚기도 했다. 친구 아버지와 함께 낚시터에서 시간을 보내며 낚시 자체의 즐거움뿐 아니라 소중한 삶의 무게를 햇빛에 말려내는 법, 즉 어려움을 이겨내는 지혜를 배울 수 있었다.

오랜만에 만난 옛 친구와 함께 아중저수지를 찾았다. 한 순간의 즐거움을 이어가고 싶었기 때문이다. 많은 세월이 흘렀지만, 나만의 낚시터는 여전히 그 자리에서 변함없이 나를 반겼다. 저수지의 물결은 잔잔하게 일렁이며, 주변은 시민의 수변 산책로가 조성되었다. 그곳은 자연과 사람의 조화로운 만남을 보여주듯, 아름답게 꾸며진 수변광장이 자리 잡았다. 물가에는 수생식물들이 화사하게 피어 있어, 지나가는 이들의 발걸음을 따뜻하게 맞이하고 있었다.

시간의 흐름을 잊고 자연과 깊은 연결을 느꼈다. 친구와 나눈 이야기와 웃음소리는 저수지의 물결처럼 잔잔히 퍼져 나가고, 잊지 못할 순간들이 다시금 내 마음속에 새겨졌다. 저 멀리 아름다운 찻집에서 새어 나오는 불빛이 내 머리를 환하게 비추더니 옛날 영사기 필름 돌아가는 소리가 들려왔다. 동네 사람들과 함께 어느 추운 겨울날, 저수지 안쪽 왜망실 산에서 땔감 나무를 한 짐씩 짊어지고, 그림자 길어질 때, 꽁꽁 얼어붙은 저수지를 가로지르던 옛 기억이 떠올랐다. 저만치 밝은 달은 물장구를 치고, 찻잔의 별 향은 선녀를 부르는데 하늘에서는 영사기 소리만 요란하게 들려왔다.

책과 씨름하며 도전했노라고

태인에 이렇게 아름다운 도서관이 있는 줄 미처 몰랐다. 지나치면서 안내판은 보았지만, 의미 있는 공간인지는 생각지도 못했다. 코로나-19로 개관이 안 되겠거니 하면서 정읍중앙도서관만 생각했다. 우연히 눈에 띈 정원에 눈 돌렸다가 도서관을 이용하게 될 줄이야…. 올해 초 친구로부터 한 가지 제안을 받았다. 같이 산림청에서 운영하는 산림복지 차원의 신규 국가자격증, 산림치유지도사 1급 양성과정에 도전해 보자는 것이다. 아니 이 나이에 무슨…. 이 또한 생소한 것인지라 망설여졌다. 하지만 산림치유지도사에 관한 여러 가지 정보를 접하고 난 뒤 '그래! 같이 해봅시다.'라고 승낙했다.

보건학 학위 소유자는 1급 양성 교육과정을 이수한 뒤

국가고시에 응시할 수 있는 자격이 부여 된다고도 하였다. 몇몇 대학원 졸업생들에게도 같이 국가고시에 도전해 보자고 권유하기도 하였다. 지난 3월에 개강했지만, 코로나-19로 인하여 개강 초기부터 비대면 교육이 시행됐다.

ZOOM을 이용한 비대면 강의는 처음 접해보는 것이라 첫 시간부터 어려움 속에 강의가 시작되었다. 통상적으로 교수와 대면하며 한 호흡 속에서 지식을 공유해 왔던 터라, 비대면으로 컴퓨터 앱을 통하여 화면 속에서 간접적이나마 서로를 확인하며 교육을 받는 방식이 참 어색했다.

코로나-19로 인한 새로운 교육 방법이다. 이만큼 우리나라의 전자통신망과 인터넷 구축이 전 세계적으로 정평이 났을 뿐만 아니라 많은 발전을 했다는 것인데, 이는 매우 고무적인 일이다. 그렇지만 교육의 참맛은 서로 얼굴을 맞대고 칠판이 쿵쾅거리고 여기저기서 질문과 답이 오가는 현장이 제맛 아니던가?

아무튼 대면과 비대면을 병행하는 강의가 이루어지다가 코로나-19 사태가 또다시 4차 대유행하는 과정에서 여름방학을 맞이했다. 사회적 거리 두기로 어쭙잖은 교육이 되다 보니 방학 중에도 계속 특강과 소규모 그룹 차원의 교육이 절실히 요구되었다. 하지만 다 수인이 함께하는 모임을 가질 수가 없어 안타깝기만 했다.

집에서 열공하자니 뜻대로 이루어지지도 않았고, 더구나 연일 폭염과 열대야가 지속되는 이때 아무리 정신을 집중하고자 안간힘을 써봐도 어렵기만 했다. 좋은 방법이 없을까 생각하던 차, 학창 시절 시험공부를 떠올려 도서관을 찾았다. 이 지역인 정읍중앙도서관을 며칠 다녀 보았지만 딱히 좋은 환경이 아니었다.

우연히 아름다운 정원에 매료되어 이곳을 방문했는데 이런 곳이 있을 줄은 상상도 못했다. 이곳은 재단법인 명봉재단 명봉도서관이다. 이곳 도서관은 전라북도 정읍시 태인면 태인로 33-9, 파란색 바탕에 흰색인 도로 안내 표지판이 참 이채롭다. '수학정석길(Suhakjeongseok-gil)'을 바라보고 인식한 순간, 발걸음이 멈칫하는 이유는 무엇일까. 아마 전 세계 어디에도 없을 뿐 아니라, 태인에만 존재하기 때문이 아닐까?

2021년 기준 3만여 권의 서적을 소장하고 있는데 특별한 소장품으로는 17세기의 '태인방각본泰仁坊刻本'도 있다. '방각본坊刻本'은 일반적으로 임진왜란과 병자호란 이후인 17세기에 상업적 이윤을 추구하기 위하여 서울을 비롯한 전국 주요 도시에서 간행된 소설을 일컫는다. 그렇지만 태인 방각본은 서울을 제외한 조선시대 태인 현, 현재 정읍, 감곡, 신태인, 옹동, 산내, 산외, 칠보 등에서 간행된 판매용 서적의 고문서로 각별한 의미가 있는 것이다. 아담하고 잘 조성된 한 가정의 정원처럼 앞뜰이 고요한 정취가 감도는 도서관을 내가 찾은 것이다. 이곳은 나에게 딱 맞는 열공의 장소였다. 이 도서관은 남녀노소 자유롭게 도서 자료 열람이 가능하다. 하지만 도서관을 이용하려면 보유하고 있던 국립도서관 이용증으로는 출입할 수 없다.

　이곳은 사립도서관으로 누구나 출입은 가능하지만, 도서 대출을 위해서는 회원에 가입해야 한다. 명봉도서관은 아담한 2층 구조에 1층은 어린이 자료실, 일반자료실, 열람실이 배치되어있다. 2층에는 회의실과 사무실로 구성된 도서관이다. 앞마당 정원은 그야말로 세월의 흔적이 고스란히 배어 있는 노송들과 귀한 정원수, 고목들이 깔끔하게 정리된 잔디 공간으로 아름답게 구성되어 있다.

　이곳저곳에 아름다운 나무숲 아래에는 쉼 공간에 걸맞은 작은 나무 의자가 잠시 앉아보라고 손짓하듯 깜찍하게 놓였다. 건물 한편 출입구에 소박하게 새겨진 명봉도서관 明峯圖書館 명패가 보였다. 이 도서관은 우리가 학창 시절에 머리께나 아프게 한 그 유명한 수학책 저자와 관련이 있다. 전주 상산고등학교 이사장인 홍성대 선생의 부친이신 명봉 홍수표 옹의 유지를 받들어 고향인 태인에 향토 문화를 사랑하는 마음으로 그 자녀들에 의해 1980년에 세워졌다.

소박하고 조용한 작은 마을에 지식에 목마른 이, 삶의 깊이를 탐구하는 이, 보다 나은 내일을 준비하는 이, 제각기 소망을 이루고자 하는 이들에게 희망을 안겨주는 정신을 기리는 참뜻이 명봉도서관에 묻어난다. 이러한 곳에서 어느 한 해 뜨거운 여름날을 자신의 계발과 성취감을 맛보기 위하여 아름다운 공간 이곳저곳 도서관 마당에 잦은 발자국을 새긴 나에게도 큰 영광이었다.

또 다른 행운과 보람이 깃들기를 바라며 먼 훗날 적지 않은 나이에 새로운 길을 찾아보자고 그 뜨겁고 무더운 나날을 책과 씨름하며 도전했었노라고 도서관 정원의 노송에 각인해 두고 싶다.

6
꼰대의 사명

•

빌립보서 4:13
"내게 능력 주시는 자 안에서 내가 모든 것을 할 수 있느니라."

맥을 잇는 여인

    한복은 우리나라 고유의 의복이다. 그 아름다움은 세계적으로도 인정받았다. 그러나 현대에 들어 한복이 점차 외면받고 있다는 현실이 매우 안타깝다. 이제 한복은 결혼 예식이나 명절에 한 번 정도 찾는 옷이 되었다. 그럼에도 불구하고 한옥마을에서 젊은이들이 한복을 입고 거리를 거니는 모습은 참 곱게 보인다. 그중에는 외국인들도 있는데, 그들은 무슨 마음으로 입어보는지 궁금해진다.
    한복의 우아함은 선의 조화로움에서 비롯된다. 특히 여인들이 한복을 입고 움직일 때, 그 매혹적인 선들이 겹치며 흐르는 듯한 장면은 진정한 아름다움의 극치를 보여준다. 과거와 비교해 볼 때 다양해진 색상과 품격 있는 질감은 한복의 멋을 더욱 돋보이게 한다. 이러한 한복을 아이들이 선택한다기에 우리 부부도 동행을 했다.

"엇! 우리 어디서 봤지요? 어디서 많이 뵌 분 같습니다. 어디서 봤더라?" 낯선 여인은 우리에게 인사를 건넸다. 비록 초면이지만 그녀는 범상치 않아 보였다. 깔끔하면서도 독특한 옷매무새와 머리 모양이 눈길을 끌었다. 그녀의 인상 또한 맑고 강렬했다.

서울 한복판에 현대식 건물 외관을 옛날 기왓장으로 장식한 건물이 눈에 밟혔다. 아내와 나는 그곳을 그냥 지나치기에는 너무 아쉬웠다. 그렇다. 빌딩 숲속의 서울에서 고 기와로 건물벽을 디자인한다는 것은 참으로 독특하고 신선한 발상이었다.

이곳은 무슨 집일까! 다가가 보니, 우리가 찾아다니던 한복집이었다. 내부 사무실 환경 역시 이런저런 한복집이 아니었다. 실내장식도 한옥의 멋을 살린 서까래가 돋보였고, 한편에는 다례茶禮방으로 구성되어 있다. 벽면은 옛 민화로 아름답게 장식되어 따뜻한 분위기를 자아냈다. 또한 한복들이 진열된 모습이 다른 곳들과 뭔지 모르게 예사롭지 않아 보였다.

그 여인은 이곳의 사장, 한복 장인, 디자이너, 원장이었다. 때마침 미용실에서 머리를 하다가 연락을 받고 급히

오느라 수건을 머리에 맵시 있게 두른 모습이다. 이 모습이 더욱 도드라져 보였다. 아내와 몇 마디를 나누더니 마치 십년지기나 된 것 같은 정겨운 모습이다. 서로 고향을 묻더니 전주와 부산, 호남과 영남의 만남이라며 씽긋 웃었다. 바로 보면 이렇게 나라의 주인들인데 어찌하여 선거철만 되면, 왜 그렇게 벗어난단 말인가? 우리 아이들도 저렇게 잘 어울리는데 말이다.

아이들의 한복 자태가 참 고와 보였다. 옷이 주인을 잘 만났다는 생각이 들었다. 원장의 얼굴에도 만족스러운 미소가 가득하다. 오늘 한복 임자를 만났다면서 연신 옷매무시한다.

옷을 입는 이와 옷을 도와주는 자 모두가 행복해 보였다. 이런 모습을 지켜보는 우리도 한 마음이었다.

'참 곱다, 멋지다'라는 감탄의 표현들이 태양 빛을 가득 품은 해바라기꽃처럼 만개 했다.

내 보기에도 우리 한복이 얼마나 우아하고 단아한지 잘 알고 있지만 오늘만큼은 어떠한 찬사를 늘어놓아도 좋을 것 같다.

한복은 시대의 흐름에 따라 많은 변화를 겪어왔지만, 여전히 실생활에서는 쉽게 접하기 어렵다. 그러나 여전히 한복을 만드는 장인들과 젊은 사람이 한복의 보편화를 위해 노력하고 있어 찬사를 보내고 싶다. 얼마 전 열린 한국 여인 미인대회에서 한복 경연이 펼쳐졌는데, 전통성이 많이 벗어났다는 평가를 받았다.

그럼에도 불구하고, 전통문화를 계승하려는 그들의 열린 사고와 노력은 높이 평가하고 싶다. 한복은 언제 어디서 보더라도 참 곱게 빛나는 우리의 전통 의상이다.

전북 현대축구여, 영원하라
― 전북현대모터스 축구 경기를 관람하고 ―

축구 경기장에 들어서면 쥐포, 통닭, 라면 냄새가 물씬 풍기며 식욕을 돋운다. 올해 들어 네 번째 전주 월드컵 경기장을 찾았다. 오늘 경기 관람 동반자는 아들이다. 나도 축구 관전을 좋아하지만, 우리 집에서는 딸아이가 더 열성적이다. 이전에도 딸의 성화에 못 이겨 종종 경기장을 찾곤 했었다. 오늘은 현대가現代家의 대결인 전북 현대와 울산 현대 경기다.

올해 K리그1 경기는 일찍 전북 현대의 독주로 우승이 확정되었다. 그래서인지 관중석에 빈자리가 많아 보였다. 그래도 미래의 꿈나무인 어린이 관중이 많아 보였다. 그들의 손에는 먹거리가 끊이질 않지만, 발로는 공을 붙들고 있다. 또한 젊은 연인 팬들도 다정하게 경기를 관람하고 있었고, 남녀노소 다양한 연령층의 관중이 함께했다. 전북 현대가 그동안 승승장구하며 우승을 차지한 것은 이렇게 다양한 관중의 응원 덕이 아닌가 싶다.

전주 월드컵 경기장과의 인연은 2002년 월드컵으로 거슬러 올라간다. 그때 전주에서 열린 스페인 대 파라과이, 포르투갈 대 폴란드 경기를 관람했었다. 그때부터 우리 가족은 축구에 대한 애정을 더욱 깊게 품게 되었다.

경기장에 들어서니 전북 현대 상징인 대형 녹색 깃발이 펄럭이고, 형광 녹색의 응원단들이 열정적으로 응원하는 소리가 귓전을 울렸다. 관중들의 함성과 응원단들의 응원 소리가 어우러져 녹색 운동장은 열기로 가득 찼다. 팬들은 이동국을 연호하며 열광하기 시작했다. 오늘이 이동국 개인 501번째 출전이라 관중들의 함성이 더욱 하늘을 치솟았다.

경기 시작 전, 전북 선수들은 등번호가 모두 20번이다. 이는 이동국 프로 통산 501경기 출전을 기념하기 위한 축하 행사였다. 축포 소리와 함께 경기가 시작되었다. 선발 명단에는 이동국의 이름이 없었다. 하지만, 운동장 한편에서 벤치 멤버로 몸을 풀고 있는 모습이 보였다. TV에서 보던 대박이 아빠의 모습과는 달리, 그는 강인하고 생기 넘치는 모습으로 팬들에게 인사를 건넸다. 경기는 서서히 달아오르고 흥미로워졌다. 양 팀은 빠른 돌파와 공격으로 서로를 압박하며 치열한 공방전을 펼쳤다. 두 팀은 상대편 문전을 향해 빠른 돌파와 공격으로 서로 일진일퇴의 공방이 계속되었다.

골이 터지지 않았음에도 불구하고, 선수들의 열정적인 모습과 박진감 넘치는 경기 운영은 결코 지루할 틈을 주지 않았다. 선수들의 숨소리와 과감한 돌진은 경기의 긴장감을 더욱 고조시켰다. 관중들이 이러한 모습을 현장에서 직접 느끼는 맛 때문에 경기장을 찾는 것이 아닐까 싶다. 나도 선수들이 멋지게 치고 달리는 역동적인 모습을 보며 선수들과 함께 호흡할 수 있어 참 즐거웠다.

어느덧 22분이 지났을 때 심판이 파울 호각을 불었다. 상대방의 반칙으로 프리킥을 얻었다. 손준호 선수가 프리킥한 공이 멋지게 궤적을 그리며 구석으로 날아가 골인이 되었다. 그 순간, 축포와 함께 함성과 박수가 전주성을 뒤덮었다. 전광판에 점수가 새겨지면서 골 넣는 모습이 화면에 비칠 때 응원의 함성은 절정에 다다랐다.

경기장 아나운서의 목소리는 더욱 높아졌다. '첫 번째 주인공은 누구?'라고 외치면 모두가 선수 이름을 삼세번 연호

했다. 이후 경기가 더욱 박진감 있게 전개되더니 31분, 34분 연속골이 터졌다. 두 번째 골은 아주 멋진 헤더 슛이었고, 세 번째 골도 낮고 빠른 왼발 슈팅이 멋지게 골인되었다. 모든 골이 아주 멋있고 인상적이었다. 그동안 관람한 경기 중에서 가장 시원하고 다양한 골들이 터진 경기였다.

전반 휴식 시간에는 이동국 선수의 500경기 출전을 기념하는 축하 꽃다발 증정과 추첨 이벤트가 열렸다. 추첨번호가 호명될 때마다 너도나도 환호와 박수가 터져 나왔으며, 마치 내가 당첨이 된 것처럼 기뻤다. 이 기쁨은 경기장에 있는 모든 축구 애호가가 느끼는 감정일 게다. 이러한 멋과 특별한 순간들이 사람을 다시 경기장으로 이끄는 이유일지도 모른다.

곧이어 후반전이 시작되었고, 울산 현대의 반격이 만만치 않았다. 한 골이라도 만회하려는 그들의 공격이 격렬하게 펼쳐졌다. 전북선수단에는 국가대표급 선수가 즐비하다. 경기 시간이 지날수록 선수 중 확신을 주는 선수가 눈에 들어온다. 그중 하나가 김민재 선수다. 이 선수 경기하는 모습은 남다르다. 어떠한 공격이라도 다 관여를 하는 철벽이다. '아! 저래서 국가대표 선수인가 보다.'라는 말이 저절로 입증되는 듯했다.

경기는 계속해서 열띤 공방전이 지속되었다. 전북 현대가 밀리는 듯해지자 직접 최 감독이 운동장으로 나와 직접 선수들을 독려하고 지휘하는 모습이 든든하게 느껴졌다. 이제 내년에는 최 감독을 보지 못하는 게 못내 아쉬웠다. 봉동 이장으로 그동안 전북 현대축구 발전에 많은 공헌을 한 사람이다. 앞으로 최 감독이 가야 할 축구의 길도 만만치 않을 것으로 보이지만 전북 축구 팬의 성원과 열광에 많은 위로가 될 것 같다.

중국에 가서도 최 감독 자신만이 추구하는 닥공의 강력한 축구로서 성공하기를 바란다. 후반 29분 울산 현대의 만회 골이 나왔다. 이 골의 주인공은 주니오 선수다. 이 선수의 슈팅이 전북 수비를 맞고 굴절이 되었다. 울산이 가까스로 한 골을 넣은 뒤 치열한 다툼 끝에 경기가 종료되었다.

2019년 전북현대모터스의 축구 감독과 집행부가 잘 구성되어 지금보다도 더욱 강한 팀으로 발전할 수 있기를 바란다. 그리고 전북현대모터스 축구 팬으로서 녹색 전사들이 전주성을 굳게 지켜줄 것을 기대한다.

전북현대축구, 영원하라!

꼭두새벽

초저녁에 세상모르던 잠은 다음 날을 너무 일찍 맞이하곤 한다. 이른 새벽이다.

사람들은 하루 종일 몸과 마음을 지치게 하고 저녁이 되면 지친 채 잠자리에 들어간다. 이렇게 피곤한 심신에 쉼이라는 시간을 부여하는 것이 삶의 시작이요 끝이며, 그 끝은 또 다른 시작으로 이어지는 순환의 연속이다.

본디 난 초저녁잠이 많은지라 일찍 잠자리에 들고 일찍 일어나는 것이 일상이 되었다. 어쩌면 이것은 학창 시절의 습성이 나이를 먹어가며 다시 나를 찾아온 것일지도 모른다. 몇 시간의 깊은 숙면 뒤에 일어나, 학과 시험 준비에 몰두하던 그 습관 말이다. 달도, 별도 숨어버린 새벽 고요 속에서, 부엉이 울음소리만이 나의 외로운 동반자가 되었다. 그 시간, 나만의 조용하고 외로운 일과가 시작된다. 이는 어쩌면 나만의 소중한 시간, 세상의 모든 소음에서 벗어나 진정한 나를 만나는 순간일지도 모른다.

학과 수업이 끝나면 언제나 야간 학습이 기다리고 있었다. 평소에 초저녁잠이 많은 나를, 잠보라 놀리는 친구도 있었다. 선생님 또한 매일 저녁 나에게 지적하곤 했지만, 나로서는 어쩔 수 없는 일이었다. 도서관에서도 마찬가지였다. 매일 새벽에 일어나 모두가 잠든 시간에 혼자 불 밝히며 나만의 세상을 일으켜 세웠다. 새벽이 되면 나의 뇌는 마치 전력 질주를 하곤 했다.

사람마다 자기가 태어난 시각時刻이 있다. 내가 태어난 시각은 축시丑時다. 그래서 내가 태어난 시간에 내일의 나의 꿈을 키우는 것이 아닐까. 참 알다가도 모를 일이다. 세상의 문을 일찍 여는 사람이 많이 있다. 새벽시장 상인들은 알 수 없는 신호를 주고받으며 하루를 시작한다. 버스의 첫 차를 운행하는 운전기사, 보초를 서는 국군 장병, 밤새워 일하는 산업 전사, 병원 응급실에서 밤을 지새우는 의사, 내일의 꿈을 현실로 만들기 위해 노력하는 연구실의 과학자, 새벽길을 청소하는 이, 취객의 만행에 대응하는 경찰, 평생 국가 발전에 헌신한 노인, 그리고 새벽 제단을 쌓는 종교인까지.

각계각층의 사람들이 피와 땀을 흘리며 오늘의 새벽을 지키고 있다. 이들 모두는 각자의 자리에서 세상을 움직이며, 새로운 하루를 맞이하기 위해 노력하는 역군들이다. 삶이 익어버린 어느 날, 글 짓는다고 책상에 앉으면 어김없이 새벽녘이다. 월삭 예배에 참석하여야 하는 날에는 시계를 맞춰놓고 잠을 자는데, 정작 알람이 울리는 시간보다 먼저 일어나 시계를 지키고 있다.

내가 즐겨하는 취미 중 하나는 호수 낚시다. 한여름 밤에 하는 밤낚시는 온 천지가 고요하고 수많은 별이 하늘을 수놓고 있을 때, 깊은 물 속, 달이 춤추는 호숫가에 앉아 촉광 낮은 불빛에 눈 비벼가며 물속 생명체와 씨름하는 초긴장의 '손맛' 어떻게 표현해야 할지…. 밤이 깊어지고 세상이 잠잠해질 때, 나는 새벽의 수호자가 된다.

직장에서 밤을 지새우는 야간 근무 때 새벽 근무가 제격인 특별함도 있었다. 집에서도 이 새벽의 정취는 계속된다. 아이들이 세상을 일찍 만나야 할 때 머리맡에 '00시에 깨워주세요'라는 메모를 남겨 놓는다. 이 기록은 나의 사랑과 보살핌을 담은 메시지이자, 아이들이 하루를 시작하는 첫걸음을 내딛게 하는 작은 도움이다. 이처럼, 밤을 지새우며 새벽을 맞는 일은 내 삶의 일부가 되었다. 새벽의 고요함 속에서, 나는 내면의 소리를 듣고, 세상과 다시 만나기 위해 준비를 한다. 새벽이 주는 선물은 누구에게나 열려 있지만, 그 속삭임을 듣는 이는 많지 않다. 나는 그 소수 중 하나로 새벽의 조용한 시간을 소중히 여기며 살아간다.

입가에 살짝 미소가 깃들었던 순간도 있다. 어느 날, 컴퓨터 앞에서 열 일을 하고 있는데 "딩동" 소리와 함께 메일이 들어온다. 전날 전송했던 수필에 '두루미'께서 "딩동" 한다. 나는 '첨삭지도 감사합니다.'라고 답신을 한다. 다시 "딩동" 소리가 울린다. '잠 안 자고 뭐 해' '일이 있어요.'라고 답한다. '일찍 자.'라는 권유에 '진즉에 일어났는데요.'라고 장난스럽게 대답한다. 이렇듯 새벽 대화가 이어졌는데 '두루미'는 하늘 잠에 들었다. 새벽의 고요 속에서 오가는 이런 소소한 대화는 나에게 특별한 기쁨이었다. 일상 속 작은 순간들이 모여 세상의 따뜻한 삶의 이야기를 만들어 간다.

이른 봄, 대자연의 눈물이 맺힌 적막한 새벽. 홀로 맞서는 희미한 가로등과 20여 년 넘게 새벽을 지켜온 내 안의 귀뚜라미와 함께 이 시간을 맞이한다. 꼭두새벽, 인간의 삶이 서서히 깨어나는 순간이다. 부지런한 새가 벌레를 잡는다는 말처럼, 나도 일찍 일어나 목욕탕으로 향한다. 깨끗하고 따뜻한 물에 몸을 맡기는 것도 나의 새벽 특권이다. 이 시간만큼은 세상이 소음에서 벗어나 나만의 고요한 순간을 만끽한다.

새벽의 고요함 속에서, 나는 나 자신과 대면하며 하루를 시작하는 준비를 한다. 이른 아침의 정취는 나에게 특별한 힘을 주고, 다시 한번 삶의 활력을 불어넣어 준다. 꼭두새벽의 특권을 누리는 이 순간이야말로 나에게 가장 소중한 시간이다.

꼰대의 사명

'꼰대'라는 은어는 한때 유행했던 표현으로, 권위적인 사고방식을 가진 기성세대를 속되게 이르는 말이다. 이 용어는 젊은이들이 하는 말로 어른이나 선생을 비하해 지칭하는 말이기도 하다. 자기주장만을 고집하거나 상대를 가르치려 하고 다른 사람의 의견을 무시하는 어른들을 비꼬아 부르는 말이다. 이러한 어른들은 젊은 세대에게 도외시되는 경향이 있다.

현대 사회에서는 노인을 외모만 보고도 상대하지 않으려 한다. 2, 30대들이 어른 세대를 '꼰대'라 부르며 비하하는 세상이다. 4, 50대는 '젊은 꼰대' 소리 듣는 것을 두려워해 스스로 꼰대 테스트를 해보거나, 2, 30대의 꼰대 문화에 동참하려 하는 것 같기도 하다. 6, 70대들은 아예 꼰대

세대로 내몰리며 젊은이들과 대화와 교류가 단절되는 현실에 안타까움을 자아낸다.

꼰대 테스트에 이런 것들도 있다. 예를 들어, 나이가 들수록 아는 게 많아지고 지혜가 쌓이는 것이 많다고 생각하면, 분명히 꼰대 쪽으로 분류된다. 젊은 세대는 나이 많은 어른 세대의 지식과 지혜와 진리를 인정하지 않으려 한다. 단체 회식이 있는 경우 '참여하는 게 좋다.'고 후배에게 말하면 꼰대 가능성이 있다고 한다. 그들은 회사 조직과 전통, 공동체로부터 자유롭기를 원하는 세대이다.

예전에 딸아이와 길을 걷다가 볼썽사나운 옷차림을 보고 "저치 좀 봐라, 꼬락서니 하고는"이라 했더니 "아니, 아빠는?…."하고 말을 잇지 못했다. 이렇듯 후배나 동료의 옷차림이 너무 개방적이거나 마음에 들지 않는다고 하면, 그것 역시 꼰대성향 이라고 한다. 이는 기존 문화에 대한 고집에서 비롯된 것일지도 모른다.

이들이 가장 잘 표현하는 말은 '나는 나, 너는 너'이다. '선 넘지 마세요.' 나 어느 영화 대사처럼 '너나 잘하세요'라는 말도 자주 사용된다. 이런 꼰대 테스트에 나도 포함되는 것은 아닐지! 주변 인물 중 아무개를 살짝 넣어본다. 이 기준으로 보면 분명 꼰대의 대열에 든다. '나는 나, 너는 너'의 경계를 넘어서 권위 의식을 가지고 남에게 '이래라저 래라' 간섭과 지적했으니 말이다.

그러나 나는 그 지적을 내가 더 적극적으로 인식하고 받아들였기에 나는 그들처럼 꼰대라 稱하고 싶지 않다. 삶의 큰 물결 속에서 끊임없이 쌓아온 수많은 지식과 기술은 윗세대에서 아랫세대로 전수되면서 역사적 가치도 많이 변화하고 발전해 왔다. 윗세대는 지적 교육을 통해 아랫세대에 그것들을 전수하고, 아랫세대는 학습을 통해 이를 받아들인다면, 세대 간의 연속성으로 새로운 발전이 이루어질 게다.

옛 세대와 단절된다면 어찌 새로운 것을 알게 되었겠는가! 어른들로부터 지혜를 얻지 못하면 어떻게 사람들이 바르게 살아갈 수 있었을까? 어른들을 존경하지 않고 어찌 그 지혜를 배울 수 있었겠는가 말이다. 어른들을 비하하는 꼰대 문화는 한때의 유행으로 치부해야 할 것 같다. 21세기다. 앞으로 세상이 어떤 형태로 변해가든 변함없이 우리는 한 세대의 삶을 살아간다.

사회의 어른으로서 항상 젊은이들에게 솔선수범하는 자세를 지니고, 지난날 우리가 체험한 고귀한 경험과 업적, 그리고 민족의 얼을 후손에게 계승할 전수자로서 역할을 다해야 한다. 확실하고 분별력 있게 가르쳐야 할 것을 가르치지 못한다면 이는 눈먼 꼰대가 아니겠는가? 꼰대 소리가 듣기 싫어 가르치기를 등한시하거나 해야 할 말을 하지 못하고 벙어리가 된다면, 다른 종의 짐승이나 무엇이 다르겠는가?

젊은이에게 어떤 삶을 살아야 하는지, 어떻게 행동해야 하는지를 가르치며 세대 간의 벽을 허물자. 과거를 되돌아보고 새로운 학문적 연륜年輪과 깊은 성정性情으로 현실을 직시하자. 확실한 미래를 예시하는 것이야말로 한때 유행했던 꼰대의 사명使命을 다하는 것이 아니겠는가?

살며시 다가온 그리움

그리움이란 야릇하게도 우리 곁을 스쳐 가는 바람처럼 불쑥 찾아온다. 뜻하지 않은 순간, 언젠가 맡았던 익숙한 향기와 잊고 지냈던 기억들이 스멀스멀 피어오르며 가슴 한구석을 적신다. 그리움은 어쩌면 헤어짐과 가까워짐의 거리를 가늠하는 눈금자인지도 모른다.

어느 날, 까마득히 잊었던 풍경들이 오늘따라 살며시 마음을 울린다. 보물 상자를 열 듯이 보자기에 싸여 있는 사진첩을 펼쳐 보았다. 빛바랜 국민학교 입학 기념사진이 내 눈길에 꽂힌다. 하늘 위로 높이 올라가는 연과 달리 퇴색한 사진에 담긴 시절들이 가까이 내려온다. 사진을 보노라니 모자 쓴 아이와 함께 웃음기 없는 할아버지와 할머니의 모습이 시간 상자를 부수고 가슴으로 밀려 들어온다.

눈을 감자 사진은 영화처럼 시간과 공간을 초월하여 사람이 되어 다시 태어난다. 아버지와 어머니의 얼굴이 클로즈업 되면서 뇌리에 차오른다. 시간의 지우개로 지워진 순간의 조각들이 하나로 모여 한 편의 영화처럼 쓸쓸한 정조를 음악에 깔고 퇴색한 시간이 활성화된다. 살며시 다가온 그리움은 때론 슬픔의 누에고치를 치며 나를 감싸안기도 한다.

차가운 겨울바람 속에서 느낀 따뜻한 온기를 그리워하며, 뜨거웠던 여름날의 시원한 물줄기를 그리워하듯, 지나간 계절을 밝히는 그리움의 불꽃이 마음 한편을 환하게 한다. 그리움은 얼마나 많은 사랑을 주고받았는지, 얼마나 많은 순간들이 소중했는지를 일깨워주는 영혼의 숨결이기도 하다. 그리움이 낳은 기쁨은 과거를 버팀 삼아 앞으로 나아가기 위한 힘을 만드는 동력이다. 그리움을 살며시 지폈다면 억세게 붙잡으려 하지 말자. 대신 조용히 마음속에 모아두며 이 순간의 삶을 한 장의 아름다운 사진처럼 소중히 간직하자.

그리움은 결코 슬픔과 외로움만이 아닌 지난 시간 속 아름다운 옛 사연들에 대한 감사의 표현일 게다. 잊지 말자. 그리움을 많이 느끼는 사람일수록 기억의 보관함은 넓고 깊은 법이다. 기억된 그 사람들은 기억하는 사람들에게 때때로 시간의 부메랑이 되어 다시 오게 된다. 더러는 기억하고 싶지 않은 일들도 있겠지만 그럼에도 작고 보잘것없이 보일 수 있는 순간들도 사연을 담아 가꾸면 소중한 기억이 된다. 이렇게 정성스럽게 만들어진 추억들은 시간이 지나도 소멸하지 않고 전진하며 익숙한 나를 가끔 내려놓는다.

뿌리 의식일까? 삶의 여정에서 사람들은 늘 그 시작을 기억하거나 역류하곤 한다. 낯선 이를 만나면 으레 "고향이 어디세요?"라며 말의 채널을 켜더라도 가끔 대답이 머뭇거려져 송수신되지 않을 때도 있다. 나에게는 세 곳의 고향이 있기 때문이리라. 탯줄의 고향과 시간의 넌출을 타고 줄곧 달렸던 성장기의 고향, 그리고 학창 시절을 보낸 마음의 고향이다. 이 세 곳은 내게는 지리산처럼 높고도 드넓은 이야기들로 가득하다.

이 각기 다른 '고향' 사이에서 나는 가끔 어디에 더 마음을 두고 대답해야 할지, 막막해질 때도 있다. 전북 진안군 주천면에 탯줄을 묻었으니, 일반적으로 알고 있는 고향이 바로 여기이긴 하지만 추억은 전혀 없는 곳이다. 기억은 추억이라는데, 난 이곳에서 기억이라고는 좁쌀만큼도 떠오르지 않는다. 언어가 자라고 눈에 세상이 들어올 때쯤은 할아버지, 할머니와 함께했던 충청북도 충주인 터라, 여기가 삶의 근원지에 더 가깝다. 그렇기는 하나, 아무래도 학창 시절을 보냈던 곳이 진정 마음의 고향이지 않나 싶다.

진안군 주천면은 할아버지와 아버지의 발자취가 어린, 시간이 멈춘 듯한 곳이다. 이 땅은 가문의 이야기가 살아 숨쉬는 공간이다. 또한 내가 이 세상의 빛을 본 곳이기도 하고, 나의 뿌리이자, 시작의 터전이다. 그리고 또한 생명의 끈이 잘리는 슬픔이기도 한 고장이다. 나보다 앞서 세상에 기록되지도 않고 떠난 형과 누나가 있었다고도 한다.

가족의 기억 속에서만 어렴풋이 남아있지, 그들과는 시간과 추억을 나눠 먹지는 못했다. 그렇게 할아버지와 아버지의 고향은 영원한 기억으로 우리 가족사 이야기에 깊이 새겨진 채, 끝없는 생명의 노래를 풀어낸다. 할아버지는 손주를 지키고 가문의 대를 이어가기 위해 충청북도 충주라는 활기 넘치는 곳에서 손자에게 첫발을 내딛게 했다.

그 분은 당시 대한민국 제1호 화학공장에서 중요한 직책을 맡았었다고 한다. 충주라는 풍요로운 품속에서 유치원부터 국민학교 4학년에 이르기까지, 씩씩하게 자랐던 곳이었다. 그 이후 부모와 동생들이 있는 전주의 따뜻한 보금

자리가 기다렸고, 그렇게 한 가족의 온전한 모습으로 삶의 뿌리가 되었다.

할아버지, 할머니 곁에서 따뜻한 눈길과 사랑을 듬뿍 받으며 자라난 나는 또래 아이들과는 다른 행동과 태도를 보였단다. 어린 나이에도 불구하고 성숙함과 여유가 내 몸에 스며들었고, 이는 주변 사람들에게도 눈에 띄어 '애늙은이'라는 별칭을 얻기도 하였다. 이처럼 나만의 독특한 이야기들로 남다른 삶을 살아갈 수 있었다는 거다.

기억을 더듬어보면 가끔 어릴 적 기억이 떠오른다. 어린 나는 할아버지, 할머니와 함께 학교 운동장에 멍석과 가마니를 펼쳐놓고 영화를 보았던 일이 기억의 따리를 틀고 떠오른다. 그 영화는 〈에밀레종〉이라는 작품이었다. 종을 만드는 과정에서 연속된 실패 끝에 신성한 의식을 거치고, 어린아이의 순수한 희생으로 종이 완성되는 장면이 생생하게 기억에 남는다.

그런데 그 장면은 어린아이의 마음과는 달랐다. 할머니의 품에서 잠들지 못하고 칭얼대기 시작했다. 할머니는 진정시키기 위해 손가락에 낀 쌍가락지를 노리갯 감으로 주었는데, 가지고 놀다가 그만 반지를 하나 잃어버리고 말았다. 이 가락지는 대대로 전해져온 장손 며느리의 상징으로, 증조할머니, 할머니, 어머니를 거쳐 다시 아내에게까지 이어져 온 소중한 유산이었다.

그러나 조그마한 동그라미 안에서 맴도는 뿌리 깊은 징표를 아내는 아이엠에프 때, 전 국민 금 모으기 사업에 참여하기로 하고 다른 금붙이와 함께 국가에 기부하여 결집의 상징이 되었다. 비록 '은반지'의 가치로 보면 작을 수도 있지만 가족의 뿌리와 역사를 마음으로 선물한 것이다. 이러한 전 국민의 뜻과 마음의 힘이 하나로 모여 우리나라가 한 민족으로 바로 서게 된 게다. 은반지에 깃든 그리움과 고향은 결국 우리가 살아가는 방식이자, 우리 마음을 풍요롭게 하는 존재이지 싶다.

하지만 구체적으로 옛이야기들을 가꾸고 좋은 기억으로 만드는 방법은 명확하지가 않았다. 자세히 알고 싶어 문헌을 찾았으나 만족하지 못했다. 기억하는 것은 선택이지 않을까. 우리가 어떠한 순간을 어떻게 기억하고 싶어 하는지에 대한 마음가짐이 중요하리라 생각된다. 이렇듯 우리는 그리움이라는 감정을 통해 삶에 깊이를 더하고, 인간관계의 따스함을 되새겨 보는 계기를 갖게 되는 것이 아닐는지.

누구나 고향이 어디냐고 물으면 잠시 망설였다가도 화수

분의 언어가 무장무장 나오곤 한다. 그만치 고향은 한없이 넓고 깊은 샘물이기 때문이리라. 어릴 적 샘물을 마시며 생명을 키웠듯이, 지금은 그 샘물로 인해 부드럽고 달콤한 그리움을 키운다.

고향을 그려보는 일은 언제나 내 안에 섬세한 감정의 여운을 남기는 작업이려니 싶어진다.

* 영화 <에밀레종>

감독: 홍성기

제작: 국제영화공사

출연: 최무룡, 김지미, 조미령, 김진규, 김승호

개봉일: 1961년

장르: 시대극/사극, 멜로/로맨스

줄거리: 신라 성덕왕 때 제작된 봉덕사의 신종(에밀레종)에 얽힌 애절한 전설을 바탕으로 한 영화입니다. 백제에서 온 승려가 신라의 유명한 종장 최남현을 찾아와 제자가 되어, 스승의 뒤를 이어 봉덕사 신종 제작을 맡게 되면서 겪는 이야기를 다룬다.

특징: 깊은 감정을 전달하는 멜로/로맨스 요소와 함께 시대를 배경으로 한 사극의 특성을 가지고 있으며, 당시의 시대적 배경과 정서를 잘 담아낸 작품으로 평가받고 있다.

내 고향

내 고향은 어디일까? 누가 나에게 고향이 어디냐고 묻는다면 선뜻 대답하기가 망설여진다. '고향'이라는 말은 누구에게나 다정함과 그리움을 강하게 주는 말이다. 그러나 문화가 발달하면서 사회적 이동이 많아지는 시대에 이르다 보니, 정작 '이곳이 고향이다.'라고 정의를 내리기도 어려운 단어가 되었다.

국어대사전에는 '고향'이란 자기가 태어나 자란 곳이라고 풀이되어 있다. 본인의 가족관계등록부, 기본증명서의 출생 칸에 기록된 출생 장소, 다시 말해 물리적인 출생지를 말할 수 있다. 더 확장하여 살펴보면 영유아기를 보낸 출생지를 말할 수도 있다. 현재 제일 대중적인 기준을 보면 주로 초중고 재학 당시 거주지나 학교 소재지로서 성인이 되기 전까지 성장 과정에서 자신의 지역정체성 형성에 가장 많은 영향을 끼친 곳이라고 생각한다.

우리가 연어를 보고 회귀 본능의 물고기를 연상하지만, 인간의 본성도 본디 회귀성이 강한 동물이다. 나도 한두 살 더해지면서 고향을 많이 생각하게 되었다. 출생지와 성장지를 찾아 이웃과 일가친척이나 동창들을 만나고 그동안의 안부와 생활상을 그리며 그 옛날 옛적을 그리워한다. 최근에는 '꿈에 본 내 고향'이라는 노랫말이 가슴에 깊이 와닿는다.

사람이 태어나고 성장하며 청년기를 지나 장년과 노년에 이르면서 고향을 생각하고 찾아가게 된다. 고향이란 일반적으로 출생 성장지를 뜻하지만, 나의 경우는 좀 다른 점이 있다. 사회적으로 이동하는 시대에 살다 보니 고향이라는 의미가 뚜렷하지 않지만, 고향은 자기가 태어나 자란 곳이 틀림없다.

내가 태어난 곳은 전라북도 진안군 주천면이다. 65여 년 전에는 그야말로 첩첩산중이었으며, 그 당시 질병이 많아 부모 곁에 있지 못하고 출생과 동시에 강보에 싸여 형편이 조금 나은 곳에 사시던 할아버지 할머니 품에서 자랐다. 어머니의 젖을 먹지 못하고 영유아기를 거쳐 유치원과 국민학교 4학년 때까지 충청북도 충주에서 살았다.

이후로 부모님이 계시던 전주로 전학하여 국민학교 등 대부분의 학창 시절을 전주에서 보내며 성장했다. 출생한 곳은 진안군 주천면이고, 성장한 곳은 충청북도 충주이며, 학생 시절을 보낸 곳은 전라북도 전주다. 대학 졸업 후 첫 직장은 전라남도 보성군 아산재단 병원이었는데, 여러 해 뒤에 전주도립병원, 전북대학병원으로 직장을 옮긴 뒤 익산 원광대학병원에서 근무하다가, 38년 만에 정년퇴직했다.

이런 까닭에 고향에 대한 물음에 대답하기가 애매모호했다. 사람은 고향을 떠나보아야 고향의 소중함을 안다고 했듯이 객지의 서러움을 느낄 때 진정으로 고향을 사랑하는 마음도 일어난다. 이제 의미가 퇴색해진 환갑 나이가 지나고 사회적 노인 시대에 이르다 보니 나도 고향을 확실하게 해야 하지 않을까 싶다.

고향의 의미를 객관적이든 주관적이든 또 명목적인 출생지이든 간에 개인적으로 애착이 가는 연고지를 고향으로 정한다고 비난하는 사람은 없을 것 같다. 거처는 마음을 변화시키고, 수양은 몸을 변화시킨다고 맹자가 말했듯이, 이제 고향의 범위를 확대해석할 때가 되지 않았나 싶다.

내가 수필 쓰기 수련을 하면서 개인 프로필에 출신지를 충주로 기록했었다. 하지만 나름의 고향을 다시 한번 생각하면서 기해년己亥年부터는 고향이 어디냐는 물음에 전주全州라고 확실하게 해야겠다. 내 고향은 바로 전북특별자치도 전주라고.

아직도 그대는 내 사랑, 솟대

어느 저녁 무렵 방송에서 솟대마을을 소개했다. 여러 사람이 합심하여 솟대를 마을 어귀에 세우는 내용이다. 솟대는 대개 마을 수호신이나 경계의 표상으로 마을 입구에 세운 장대를 일컫는 말이다. 장대 끝에는 나무로 만든 새를 올리는데 오리나 기러기가 일반적이나, 특이하게 솔개가 그 자리를 차지하는 경우도 있다. 그런데 왜 하필 새일까? 하는 의문이 든다.

새는 천상과 지상을 왔다 갔다 하기에 옛사람들은 하늘의 뜻을 전달하는 메신저나 인간의 마음을 하늘에 고축하는 기능을 새가 한다고 믿었던 것 같다. 그러니 자연스레 솟대 세우는 위치는 성스러운 곳이다. 동네 바짝 있지 않고 어느 정도 떨어져 마을 어귀 숲 근처에 솟대가 있는 것만 봐도 솟대는 예사 물이 아니다. 마을의 안녕과 풍요를 기원하기도 하고, 마을 공동체의 단합을 대변하기도 한다.

그런가 하면 솟대는 풍수와 관련하여 마을에 해를 끼치는 주변 지세를 억누르기 위한 보비補神 사물이기도 하다. 의미야 어찌 되었든, 세상의 모든 것이 잊힌 듯 긴 나무 끝에 매달린 새가 석양빛을 받아 하늘 높이 솟구치는 모습이 내 마음속 깊은 곳에 오랫동안 자리 잡았다. 그것은 마치 꿈과 현실의 경계에서 펼쳐지는 환상의 한 장면 같았다. 저녁해가 그려내는 황금빛 하늘로 그 새는 자유롭게 날아오르듯 그 순간만큼은 시간조차 멈춘듯했다.

그 황홀경에 매료되어 나도 모르게 새를 만들고 싶다는 강렬한 욕구에 사로잡혔다. 내 손으로 만든 새가 저녁노을 속에서 어떠한 춤을 출지, 어떻게 하늘을 날아갈지 상상하며 그 새가 가진 몽환적 아름다움에 흠뻑 빠져들었다. 그것은 단순히 새를 만드는 행위를 넘어서 나의 열정과 상상력을 불러일으키는 일종의 소명과도 같았다.

마음속 깊이 자리 잡은 그 형상을 현실로 옮기기 위해 작업에 착수했다. 손놀림과 칼끝에서 만들어질 새가 아름다움을 세상에 전달할 수 있기를 바라며 내면의 꿈을 그 새에게 실어 보내기로 결심했기 때문이다.

미술관과 박물관, 문학 작품, 솟대 장인의 작품, 심지어는 외국 솟대를 검색해 보기도 했다. 영감을 얻을 수 있다면 어느 곳이든 마다하지 않았다. 사진이나 현장에서 스케치를 해가는 동안 내 안에서 솟대 하나가 우뚝 솟아올랐다. 노력한 만큼 솟대의 모양도 다채롭고 다양해져만 갔다.

솟대도 쓰임에 따라 적절한 모양과 크기가 있다. 마을 동구 밖에 우뚝 서는 투박한 대형 솟대부터, 집안 현관을 지키는 중간 크기의 솟대, 그리고 책상 위나 장식용으로 어울리는 작은 솟대까지. 그 쓰임은 다양하고 그 크기와 모양 또한 제각각이다. 이 중에서 내가 주로 만드는 것은 소형 솟대다. 작은 솟대는 아기자기한 매력을 지니고 있을 뿐만 아니라, 소재를 구하거나 만들기도 한결 수월하기 때문이다.

이 작은 솟대는 불빛 아래에서 흔들릴 때마다 그 실루엣이 마치 그림자놀이를 연출하듯 멋진 풍경을 만들어낸다. 민속적으로 솟대는 집안의 궂은일을 달래주고 마음을 위로하는 역할을 한다고 믿는다. 그러나 현재는 실내장식용으로 이용되기에 가까이 두고 언제든지 감상하기에 그 어떤 솟대보다도 제격이다. 한 마리, 두 마리, 수가 점점 늘어갈수록 소재의 형태와 모양에 따라 전체적인 윤곽은 비슷하면서도, 각각의 독특한 특징으로 아름다움을 더했다.

어느 날 솟대를 깎는 재미에 푹 빠져 밤이 깊어지는 줄도 모르고, 여러 개 솟대를 만들면서 밤을 새워버린 적도 있었다. 그렇게 시간이 흘러가면서 솟대 만드는 도구들도 자연스레 늘어나고 다양해졌다. 세월이 지나다 보니 집안은 마치 새들의 보금자리가 된 듯 다양한 새들로 가득 차게 되었다. 단순한 형태에서 시작해, 오리, 까치, 심지어 병아리 모양까지 소재의 굴곡에 따라 때로는 괴이한 모습을 연출하기도 했다.

결국 심혈을 기울여 난이도 높은 장식용 솟대까지 만들어내게 되었다. 소재가 허락하는 한 어떤 형태든 푸들푸들 새들이 태어났다. 몇 해 전, 나는 지인의 부탁으로 솟대 장인 노릇을 했을 뿐 아니라, 친구의 개업 선물로 일천 마리의 솟대를 만들어 항아리에 담아 선물한 적도 있다. 그때의 기억은 나에게 최고의 순간으로 남아있다. 그 이후, 칼질하는 일이 예전만큼 자주 있지는 않았다. 더 높은 작품성과, 더욱 한국적인 솟대를 만들어 소장 가치를 위해 멀고 깊은 산을 찾아다니게 되었다.

어느 지역의 솟대 장인과도 교류하면서 소재를 구하는

발걸음이 잦아졌다. 이러한 경험은 나에게 새로운 영감과 깊이를 더해주는 행복감도 있었다. 이렇게 소중했던 솟대 사랑이 깊어지는 순간 퇴직이 다가왔다. 새로운 도전과 준비로 채워진 삶의 두 번째 인연에서는 예전의 일상이 서서히 변화하고, 다른 일과 취미들이 점차 시간을 채우면서 예전의 솟대 칼질은 점차 희미해졌다.

그동안 수없이 만들었던 새들도 마침내 모두 자신의 길을 찾아 새로운 보금자리로 떠나고 말았다. 그리도 많던 새 중에서도 내 마음속에 깊이 자리 잡은 앙증맞은 다섯 쌍의 솟대는 마지막까지 시골 방을 지키는 듯하다가 어느 날 한 귀부인의 손길에 이끌려 그녀의 품으로 날아가 돌아오지 않았다. 그들은 이제 그곳에서 새로운 이야기를 펼치고 있겠지.

작품해설

| 작품해설 |

아련한 내고향 심연같은 목행의 수필세계
첫 수필집 『우듬지에 피어나는 작은 날들』에 부쳐

전일환 수필가, 국문학자

1. 조부모의 품에 안긴 내 고향의 아련한 추억

목행牧杏 김용권 수필가는 이 고장 진안군 주천면에서 태어났지만, 낯선 이를 만나면 '탯줄의 고향과 시간의 넌출을 타고 줄곧 달렸던 성장기의 고향, 그리고 학창시절을 보낸 마음의 고향'이 얽혀 막막할 때가 있고, 망설여진다고 한 것처럼 진안 주천이 탯줄을 묻은 고향이다.

하지만 '내 고향故鄕'이라는 작품을 보면 '내가 태어난 곳은 주천면이지만 그 당시 출생과 동시에 강보에 싸여 형편이 조금 나은 곳에 사시던 할아버지 할머니 품에서 자랐다'

라 하였고, '4학년 때까지 충청북도 충주에서 살았다.'고 하였다. 그리고 '이후로 부모님이 계시던 전주로 전학하여 초등학교 등 대부분의 학창시절을 전주에서 보내며 성장했다.'고 술회한 바가 있다.

내가 태어난 곳은 전라북도 진안군 주천면이다. 65여 년 전에는 그야말로 첩첩산중이었으며, 그 당시 질병이 많아 부모 곁에 있지 못하고 출생과 동시에 강보에 싸여 형편이 조금 나은 곳에 사시던 할아버지 할머니 품에서 자랐다. 어머니의 젖을 먹지 못하고 영유아기를 거쳐 유치원과 국민학교 4학년 때까지 충청북도 충주에서 살았다.

이후로 부모님이 계시던 전주로 전학하여 국민학교 등 대부분의 학창 시절을 전주에서 보내며 성장했다. 출생한 곳은 진안군 주천면이고, 성장한 곳은 충청북도 충주이며, 학생 시절을 보낸 것은 전라북도 전주다. 대학 졸업 후 첫 직장은 전라남도 보성군 아산재단 병원이었는데, 여러 해 뒤에 전주도립병원, 전북대학병원으로 직장을 옮긴 뒤, 익산에서 원광대학병원 근무하다가 38년 만에 정년퇴직을 했다.

이런 까닭에 고향에 대한 물음에 대답하기가 애매모호했

다. 사람은 고향을 떠나보아야 고향의 소중함을 안다고 했듯이 객지의 서러움을 느낄 때 진정으로 고향을 사랑하는 마음도 일어난다. 이제 의미가 퇴색해진 환갑 나이가 지나고 사회적 노인층에 가까워지는 시대에 이르다 보니 나도 고향을 확실하게 마음 해야 되지 않을까 싶다.

고향의 의미를 객관적이든 주관적이든 또 명목적인 출생지이든 간에 개인적으로 애착이 가는 연고지를 고향으로 정한다고 비난하는 사람은 없을 것 같다. 거처는 마음을 변화시키고, 수양은 몸을 변화시킨다고 맹자가 말했듯이, 이제 고향의 범위를 확대해석할 때가 되지 않았나 싶다. 내가 수필 쓰기 수련을 하면서 개인 프로필에 출신지를 충주로 기록했었다. 하지만 나름의 고향을 다시 한번 생각하면서 기해년己亥年부터는 고향이 어디냐는 물음에 전주全州라고 확실하게 해야겠다. 내 고향은 바로 전북특별자치도 전주라고. 〈6 꼰대의 사명 중 '내고향'〉

이렇듯 목행 김용권 수필가는 어릴 적엔 조부모 슬하에서 자랐지만, 초, 중고와 대학 생활을 전주에서 보냈고, 대학을 졸업한 이후에 아산재단 병원과 전주 도립병원, 전북대 병원, 원광대병원 등에서 근무를 한 뒤, 38년 만에 정년퇴직을 하였다. 이를 바탕으로 국내외 의료봉사를 중심으로 어려운 이들을 돕는 일에 헌신하는 한편, 2017년 신아문예대학에 들어가 수필문학에도 전력을 쏟으며 2020년엔 「표현」문학에 수필가로도 등단을 하였다.

이후 신아문예대학 신아작가회장을 맡아 봉사를 하며 올해 첫 수필집 「우듬지에 피어나는 작은 날들」을 상재上梓하기에 이른다. 이뿐만 아니라, 유사有史 이전부터 원시인들이 인간의 소망과 기원祈願을 하늘에 날려보내는 '솟대' 1,000여 개를 손수 만들어 선물을 하는 등 다방면의 예술활동을 하는 보기 드문 장인匠人정신의 소유자로도 유명한 놀라운 작가이다.

2. 맺힌 한恨과 아픔을 푸는 사랑의 묘약妙藥

목행 김용권 수필가는 사랑을 주제로 한 본디 기독교 신앙인이다. 의료봉사 외에도

기독교 중심 철학인 사랑을 실천하며 맺힌 한과 설음을 색소폰 음악으로 풀어주는 일도 열중하는 음악가이자, 수필가이기도 하다.

사람이 살아가는 길에는 마음의 맺힘이 있기 마련이다.

이 마음의 맺힘을 풀지 않으면 병이 생기게 된다. 맺힘을 푸는 기재器才가 바로 노래와 음악이다. 그리고 시, 수필, 소설 등의 문학도 이러한 범주에 포함된다. 조선 선조대 대제학과 영의정을 지낸 상촌象村 신흠申欽은 다음과 같이 노래를 짓고 부르는 원리를 분석하고 해석하여 시조에 담아 풀어주었다.

> 노래를 삼긴 사람 시름도 하도할싸
> 일러도 다 못일러 노래불러 풀어볼까
> 진실로 풀릴 것이면 나도 불러 보리라

노래를 삼긴 사람, 곧 노래를 지은 사람은 시름이 많은 사람이다. 이 시조는 억울한 사연은 이르고 일러도 다 말할 수 없으므로 그런 아픔이나 맺힘을 노래를 짓거나 불러서 노래의 날개에 실어 날려 보냄으로써 가슴에 맺힌 한恨이나 슬픔을 풀 수 있다는 것을 여실히 드러내고 있다. 여기서 말하는 시름이나 한은 감정일 수도 있고, 철학적인 것일 수도 있다.

사람은 본디 시름하는 존재다. 파스칼이 인간은 '생각하는 갈대'라고 한 말과도 상통된다. 인간은 본디 시름하는 존재이므로 더욱 인간다울 수 있다고도 말할 수가 있다. 그러나 시름의 늪에서 벗어나지 못하는 존재가 아니라, 벗어날 수 있는 기재器才를 지니고 있는 것도 다른 동물과 다른 인간만이 지니는 차별성이라고 할 수가 있다.

그것은 '풂'의 기재로서만 가능한 일이다. 말로 이르고 또 일러도 풀 수 없는 것일지라도 노래를 짓거나 불러서도 풀 수 있다는 것이다. 다시 말하자면 말이나 이야기로서 풀 수가 없는 것을 노래를 짓거나 불러서 풀 수 있다는 것이 오랜 세월 동안 인간의 공감대를 이루어왔으므로 고금동서古今東西, 양洋의 동서를 막론하고 노래는 우리들에게 즐겨 애용되어 왔다는 말이다. 즉 노래는 맺힘에 따른 한을 풀기 위해서 짓고 노래한다고 정의定義할 수가 있다.

트로트 열풍이 지난해부터 거세게 이어지고 있다. TV모 방송국에서 주최한 '미스트롯' 오디션 프로그램이 '송O인' 이라는 국민 여가수를 탄생시키며 대성공을 거두었다. 올해는 남성들이 출연하는 '미스터트롯'이 인기리에 방송되고 있다. '미스트롯'이 거의 끝나갈 무렵부터 TV조선을 시청하면서 트로트 경연프로그램에 빠져 들었다. 지금은 미스터트롯이 열리는 본방송 날이면 자연스럽게 TV 앞에 앉아 기다린다. 옛날 유행하던 가요 중 아는 노래가 흘러나오면 흥얼거리곤 했지만, 최근에는 취미로 기타를 배우면서 그 노래들을 깊이 있게 몸으로 느끼게 되었다.

트로트는 오랜 역사를 가진 국악, 정통, 엘레지, 블루스, 발라드, 록, 댄스 트로트 등 다양한 요소가 융합되어 발전해 온 음악 형태이다. 오늘날 K-POP이라는 이름 아래 전 세계적 한류 열풍을 일으키고 있다. 전통적인 트로트 음악은 "꿍작쿵작" 리듬과 한국적인 한이 서린 노랫말에서 서민들의 마음을 울렸다. 막걸리 한 사발에 젓가락 장단에 맞춰 부르던 곡조는 많은 사람들의 마음을 달래 주곤 했던 것이 일명 '뽕짝'이다. 이러한 한국적인 트로트 음악은 일본의 '엔카'와 비슷하지만, 한국적인 정한의 미학이 서려 있다. 이처럼 트로트 음악은 한국 고유의 문화적 정체성을 잘 표현하는 대표적인 장르라고 할 수 있다. 이런 트로트가 내 가슴에서 요동치기 시작했다.

TV조선 트로트 오디션 프로그램에 출연한 초등학교 졸업생 '정○원'이라는 아이의 모습이 인상 깊었다. 비록 그 아이는 트로트 노랫말의 의미를 완전히 이해하지는 못했지만, 노래를 부르는 음악적 표현은 어린아이라 보기 어려울 정도로 정확하고 숙련된 모습이었다. 노래를 부르며, 악기 연주까지 능숙하게 해내는 그 소년의 모습은 매우 놀라웠다. 그의 예사롭지 않은 재능과 실력은 오디션 프로그램을 더욱 흥미롭게 만들었다.

어린 나이에도 불구하고 정○원의 모습은, 트로트 음악이 단순히 서민들의 정서를 대변하는 것을 넘어서 새로운 세대에게도 매력적으로 다가가고 있음을 보여주는 사례라고 할 수 있다. 이러한 변화와 발전은 트로트 음악의 지속적인 생명력을 보여주는 것이라 생각한다. TV 오디션 프로그램에서 두각을 나타내며 인기를 얻고 있는 정○원 군의 이야기는 참으로 감동적이다. 〈4 다시 밝은 세상, '트로트와 코로나19'〉

이렇듯 노래나 음악은 우리의 삶 속에서 일어나는 맺힘과 고난을 풀어내는 마력魔力으로 풀어내며 인간의 삶을 아름답게 만들어준다. 노래는 리듬을 기본적 자질로 하기 때문에 맺힘을 풂으로 가능케 한다. 리듬이란 본디 대립적 구조, 즉 대우對偶를 기본으로 하기 때문에 조화調和를 가장 신속하게 이끌어낼 수 있는 신력神力이다.

그것은 생리적, 심리적 기층이 이러한 리듬을 통해 신 속히 조절될 수 있으므로 마음의 평정을 찾을 수 있는 것이다. 시계가 "재깍재깍" 소리를 낸다든가, "찰칵찰칵" 간다는 것은 사람들의 생리적, 심리적 인식이며 바람이라고 할 수 있다. 본디 인간의 생리구조는 대립적 짝을 이루며, 이의 어울림을 기본으로 하면서 아름다움을 추구한다. 이러한 구조적인 철학은 동서양을 망라한 우주적 철리哲理다.

동양사상의 근저를 이룬 음양이원론의 철학과도 상통하는 원리이다. 심장의 박동 자체가 수축과 이완으로 이뤄지고, 이것은 다시 들숨과 날숨으로 이어지며 걸음 손발의 좌우로 이행이 되면서 어울림의 아름다움, 곧 조화調和의 미학美學을 이룬다. 노래는 리듬과 강약强弱의 박拍으로 구성된다. 리듬은 인간적인 것보다 빠르면 고양高揚되기 마련이고, 느리면 침잠沈潛되는 성질을 지닌다.

거세게 쏟아지는 폭포수는 숨 막히는 긴장과 두려움을 느끼게 하고, 고요한 정적이 흐르는 밤에는 무서운 두려움이 일면서 팽팽한 긴장감과 두려움을 느끼는 것과 같다. 베토벤의 『운명교향곡』에서 갑자기 굉음轟音이 울리면 깜짝 놀라고, 소리가 작아지면 숨을 멈추고 귀를 기울이면서 몰입沒入의 경지나 무아지경無我之境에 들어간다.

리듬은 '품의 주요한 기능'을 감당하고 있다. 인간의 본성적 지향이 리듬의 구조물을 만나게 되면 본능적으로 동화

하려는 경향을 보이게 되기 때문이다. 리듬의 구조물이 인간의 생리보다 빠르면 빠르게, 느리면 느리게 자연스레 동화상태同和狀態에 이른다. 이건 신神이 인간에게 내린 값진 선물이다.

이러한 과정의 흐름 속에 노래를 통해 사람들은 일체의 시름이나 걱정에서 일탈逸脫하게 됨으로써 시름이 눈 녹듯 사라지면서 가슴의 맺힘을 푸는 풂의 기능으로 모든 것들이 해결되는 경지에 다다른다. 인간의 삶 속에서 일어나는 모든 시름과 문제들을 풀어가는 것이 노래를 통해서 이루어진다. 그러므로 노래는 풀기 위해서 지어지고 노래하기 위해서 만들어지는 것이라고 할 수가 있다.

3. 문행일치文行一致의 문학예술인 목행牧杏의 수필세계

본디 작가와 작품은 하나다. 문행일치文行一致, 작가의 작품은 그의 삶이 그대로 투영投影된 작가의 철학적 산물이다. 고로 어떤 장르가 되었건 간에 작품에는 작가의 삶이 깊은 우물에 비친 얼굴처럼 심오하게 비추어져서 거울처럼 영롱하게 반사를 한다. 김용권 작가의 호 목행牧杏의 뜻에 담긴 것처럼.

그는 때론 그가 쓴 작품, 예컨대 '나를 목사라 부르는 사람', '추억의 새벽송', '아버지학교', '갈릴리 호수와 태극기', '나눔과 사랑', '의료 봉사의 의미', '밥도 의료봉사를 다녀오다', '친구와 마지막 포옹' 등의 글에서 기독교의 근본 철학인 사랑과 지도자가 지녀야 할 목민牧民과 같은 자애롭고 심오한 뜻이 물씬 담겨난다.

동생의 일상에 변화가 생겨 자동차를 장기 관리해 주기로 했다. 그러나 이 자동차가 새로운 주인을 인정하지 않는 듯, 하루가 멀다고 말썽을 부리기 시작하더니만, 그만 도로에 멈춰서 버렸다. 이는 정말 난감한 일이었다. 다행히 주변에 카센터가 있어 응급조치 하고 전주 SS 공업사에 차를 입고 시키려고 방문했다. 접수처 한쪽에 앉아서 여기까지 무사히 도착함을 기도하며 순서를 기다리는데 직원이 "목사님, 이쪽으로 오시면 도와드리겠습니다."라 하였다. 목사님 소리에 고개를 돌려보니 나를 바라보며 하는 말이었다. "저 말입니까? 나는 목사가 아닙니다.라고 하면서 나는 그에게 "나와 닮은 목사님이 계십니까?"라며 내 신분을 알렸다.

아마 내가 잠깐 기도하는 모습을 보고 목사를 연상했던 모양이다. 아무튼 고맙다는 인사와 함께 그 직원에게 부근에 식당이 있는지 물어보았다. 오른쪽으로 가면 있는데 시간이 늦어서 어떨지 모르겠다고 한다. 식당에 들어서니 아주머니 두 분이 채소를 다듬다가 맞아주었다. 테이블에 앉으니, 아주머니가 자동차를 고치러 오셨느냐고 물었다. 그렇다고 하니 접시를 챙겨주며 여기는 셀프라고 했다.

반찬이 조금 부족하다며, 잠시만 기다리라는 말과 함께 다양한 음식을 차려주었다. 기도하고 식사를 하려는데, 아주머니 한 분이 목사님이냐고 물어왔다. 나는 교회 집사라고 말했다. 그 말에 다른 맛있는 것까지 권하며 챙겨주었다. 달걀부침, 물김치, 김까지 반찬이 없다면서 다 챙겨주니 한 상 잘 차려진 밥상이었다. 식사하고 드시라면서 식혜까지 가져다주었다.

실제 목행 김용권 작가에게 묻어나는 인상은 영락없는 전형적인 목사牧師 타입이다. 인자한 얼굴의 모습이며 하얀 백발이 그렇고, 좋은 일이나 궂은 일에도 담담하고 애뜻한 표정 또한 그렇다. 그래서 '사람은 생긴 대로 살아간다'고 하였나 보다. 이른바 심상일체心象一體다. 전술한 그가 쓴 작품에서도 글과 행실이 하나인 문행일치文行一致의 철학이 묻어난다.

18세기 프랑스 비평사가 뷔퐁Buffon(1707- 1788)은 그의 「문체론」에서 '문장은 곧 인간이다'라 했던 말과도 일치가 된다. 즉 글 따로, 작가 따로가 아닌 작품과 작가의 행실과 하나가 되어야 한다는 말이다. 이러한 시평詩評은 동서양이 같고, 거기서 살아가는 사람들의 삶의 철학도 동일하다는 것이다.

더구나 우리나라는 서양보다도 수수 백년 전인 고려말 정도전(鄭道傳 1342- 1398)이 주창한 바와 같이 '글은 사람이 행해야 하는 도道의 그릇'이거나, '도를 꿰뚫는 그릇'이라는 문자재도지기文者載道之器나 관도지기貫道之器여야 한다는 사실이다. 도道란 2,500년 전 공자가 제자들과 더불어 천하를 돌며 가르치고 외쳤던 정명正名의 길인 '군군신신부부자자君君臣臣父父子子'의 다름없다. 즉 '임금은 임금답고, 신하는 신하다워야 하며, 아비는 아비답고, 아들은 아들다워야 한다'는 것으로 이러한 재도론載道論은 '다움'의 도道의 철학을 옹글게 담아내고 있다는 말이다.

언뜻 들으면 당연하고 너무 평범하며 매우 쉬운 말이지만, 작금昨今의 우리들을 되돌아보게 하는 명언名言이 아닐 수 없다. 들여다볼수록 '사람은 사람다워야 한다'는 가슴 새기는 명언銘言이다. 생각할수록 사람은 마땅히 사람다워야 한다는 가슴을 치는 명언이요, 금언金言이 아닐 수 없다. 진정 '一답게' 산다는 게 정말 그리 쉬운 일이던가?

목행 김용권 수필가는 「표현」문학에 등단한 지 불과 4년 만에 첫 수필집을 상재上梓하기에 이르니 곧이어 제2집, 3집으로 이어지길 바란다. 인간의 아름다운 참삶이 무채색 햇빛이 프리즘을 통과하면 일곱 빛깔 무지개색으로 피어나듯 곱고 아름다운 수필을 옹글게 생산해 주길 기대한다.

거듭 목행牧杏의 호號처럼 마소를 치고 살구나무를 기르듯 첫 수필집의 상재를 마음 깊이 축하드리고, 참 좋은 아름다운 작품들을 많이 써주길 소원하며 문운도 더불어 창성하시기를 원하는 바이다.

전일환全壹煥
수필가, 국문학자, 문학박사, 전주대학교 한국어문학과 명예교수, 신아문예대학 수필분과 교수, 한국예총 완주지회장, 전 전주대 부총장, 전 베이징어언문화대학 한국어과 초빙교수, 전 베이징한글학교장

김용권 수필집

우듬지에 피어나는 작은 날들

인쇄 2024년 11월 18일
발행 2024년 11월 22일

지은이 김용권
발행인 서정환
펴낸곳 신아출판사
주 소 서울특별시 종로구 삼일대로32길 36, 운현신화타워 305호
전 화 (02) 3675-3885 (063) 275-4000
팩 스 (063) 274-3131
이메일 sina321@hanmail.net
출판등록 제465-1984-000004호
인쇄·제본 신아문예사

저작권자 ⓒ 2024, 김용권
이 책의 저작권은 저자에게 있습니다. 서면에 의한 저자의 허락없이 내용의 일부를 인용하거나 발췌하는 것을 금합니다.
COPYRIGHT ⓒ 2024, by Kim Yonggwon
All right reserved including the rights of reproduction in whole or in part in any form.
저자와 협의, 인지는 생략합니다.
잘못된 책은 바꿔 드립니다.

ISBN 979-11-94198-52-9 03810
값 15,000원

Printed in KOREA

* 이 책은 2024년 전북특별자치도문화관광재단의 예술창작 지원금을 지원받아 발간되었습니다.